¿CÓMO INICIAR LA CREACIÓN DE UNA NUEVA CIVILIZACIÓN?

Luis Razeto Migliaro

Autor: Luis Razeto Migliaro
Primera edición: Univérsitas Nueva Civilización,
Santiago de Chile, 2010
Diseño de portada: Walter Ziller

I.

Donde se plantea que la civilización moderna está en crisis y se formula la necesidad de crear una nueva civilización.

A lo largo de la historia y en distintas partes del mundo se han creado muchas civilizaciones, de distintas características, de variados tamaños. Algunas muy grandes, otras más pequeñas. Las han creado personas concretas, hombres y mujeres como nosotros, mediante actividades y procesos teóricos y prácticos, que podemos identificar a través del estudio de la historia.

Más allá de las diferencias entre ellas, podemos conocer con bastante claridad, qué es una civilización, cuáles son sus fundamentos y sus pilares fundamentales, sus estructuras principales, los elementos que la configuran.

Y sabemos también cuándo una civilización decae y tiende a desaparecer, cuándo y cómo se presenta la necesidad de crear una civilización nueva, y cuáles son las iniciativas y las actividades, y desplegadas por qué tipo de personas y de grupos, que dan inicio a su creación.

Todos esos conocimientos sobre las civilizaciones pasadas, aplicados a la realidad presente, nos permiten afirmar que estamos viviendo hoy una fase histórica, en que nuestra civilización ha entrado en crisis orgánica y ha comenzado su decaimiento, mientras comienzan a desplegarse las iniciativas y actividades tendientes a crear una civilización superior que la sustituya.

El conocimiento histórico de las civilizaciones pasadas y de la actual civilización moderna, de sus inicios, desarrollo, consolidación y crisis, puede facilitar grandemente la acción teórica y práctica de quienes hoy se encuentran intencionados a poner los fundamentos y a dar inicio a la creación de una civilización nueva y superior, que abra la experiencia humana hacia nuevos y más amplios horizontes.

Sintetizar todo esto y expresarlo en lenguaje accesible para todos quienes puedan interesarse en ello, es lo que nos proponemos hacer en este libro.

La necesidad de construir una nueva civilización es sentida por muchos, con diferentes grados de conciencia de ello y de lo que significa. Ha sido planteada por numerosos intelectuales, desde hace ya varias décadas, y el concepto ha sido asumido como propio por diversos tipos de grupos y organizaciones.

Podemos formular la cuestión en estos términos: La actual civilización moderna está en crisis orgánica, y están en crisis los tres pilares o fundamentos que la sostienen. Está en crisis su pilar político: el Estado nacional y los partidos; está también en crisis su pilar económico: el industrialismo y el capitalismo; y está también en crisis su pilar cultural: las ideologías, las ciencias sociales, y la ética positivista.

Estas tres dimensiones de la crisis se evidencian a través de sus múltiples efectos, que podemos sintetizar en el agotamiento de un modo de desarrollo económico, de unas formas de convivencia civil y política, y de unos paradigmas ideológicos y teóricos que se muestran incapaces de dar sentido a la vida colectiva y de proponer soluciones viables frente a los grandes problemas que aquejan a la sociedad y que tienden a agudizarse.

Al estar en crisis esos sus tres pilares fundamentales (económico, político y cultural), la civilización moderna pone de manifiesto su agotamiento y su incapacidad para continuar contribuyendo a la expansión y perfeccionamiento de la experiencia humana.

Pero nuestro propósito no es aquí analizar la crisis sino indagar sobre **los modos, las iniciativas y las opciones a través de las cuáles sea posible iniciar la creación de una civilización nueva y superior a ésta en que vivimos.**

En efecto, esta crisis, por ser orgánica, no puede resolverse sino mediante una nueva organicidad, pues como todo organismo cuyas fuentes vitales entran en gran crisis, la civilización moderna y sus pilares están destinados a continuar deteriorándose. Pero este decaimiento progresivo está siendo lentísimo, y el proceso puede extenderse todavía por algunas décadas; si bien hay signos claros de que las crisis económica, política y cultural se están acelerando.

En este nuestro tiempo, frente a estas crisis, tenemos

dos posibilidades (si queremos hacer algo socialmente útil): una, es tratar de apuntalar y reforzar y mejorar los pilares de la civilización en crisis de manera que el derrumbe se posponga un poco, reduciéndose de este modo los sufrimientos que trae la crisis y que traerá el derrumbe mismo. La otra posibilidad es la de iniciar la construcción de los fundamentos de una nueva y superior civilización.

Cuestiones como la de reformar a los partidos políticos, crear partidos nuevos y mejores, etc. se ponen en la primera perspectiva. Mejorar la distribución del ingreso, o elevar las exigencias ambientales para las nuevas inversiones industriales, es también plantearse desde la óptica de apuntalar los pilares de esta civilización y postergar así su caída. En esa misma perspectiva se ponen quienes hacen investigaciones sociológicas tendientes a ampliar el conocimiento de la opinión pública, para perfeccionar las políticas sociales.

Si en cambio nos ponemos en la segunda perspectiva, la de iniciar la creación de una civilización nueva, las cuestiones esenciales son: la creación de una nueva política (no partidista, no estatal), de una nueva economía (no industrialista, no capitalista), y de nuevas estructuras del conocimiento y de la proyectación (no ideológicas, no positivistas).

Pero hay muchas cosas implícitas en estas afirmaciones, que tendremos que profundizar. Por ahora dejamos planteado el tema, que iremos ampliando y desarrollando en las próximos capítulos.

II.

En que se explica qué es una civilización y cómo entre una civilización y otra hay importantes elementos de continuidad.

Nos hemos planteado la necesidad de iniciar la creación de una nueva civilización, al comprobar la crisis y decaimiento de la civilización moderna. Pero ¿qué podemos entender como una 'nueva civilización?

Los contenidos de la que podemos postular como una civilización nueva y superior a la actual civilización moderna, los iremos identificando y exponiendo progresivamente. Por ahora y de manera preliminar, podemos indicar algunos elementos y características que configuran lo que se entiende por una 'civilización'.

Ante todo y en general, una civilización se caracteriza por la difusión de una forma de vivir, que implica la adopción de ciertos modos de pensar, de sentir, de comportarse, de actuar y de relacionarse, que se difunden entre vastos conjuntos de personas. Se habla, en tal sentido, de que cada civilización forma y difunde un cierto 'tipo humano' característico.

Más específicamente, una civilización se distingue – en cuanto expresión y resultado social del modo de

7

vivir que la caracteriza - por un determinado modo de hacer y de organizar la actividad económica. Ello incluye cuestiones tan amplias como la propia manera de experimentar las necesidades, de producir los bienes y servicios que las satisfagan, de distribuirlos entre los diferentes individuos y grupos que forman parte de la sociedad, de consumirlos y utilizarlos, de desarrollar y acumular lo que se necesita para garantizar el futuro, etc. Y a la base de todo ello, implícitamente, por un modo particular de procesar y estructurar las relaciones entre los individuos socialmente organizados, con la naturaleza y el medio ambiente en que se asientan.

Una civilización se caracteriza también por la forma en que se establece y garantiza el orden social, por las instituciones que regulan los comportamientos que se reconocen como legítimos, meritorios y aceptables, o sea, por un modo de hacer y de organizar la vida política. A la base de todo ello hay siempre un modo particular de relacionamiento entre gobernantes y gobernados, entre dirigentes y dirigidos, esto es, un particular orden institucional, activa o pasivamente legitimado y aceptado socialmente.

Una civilización se caracteriza igualmente por las ideas y valores que presiden, orientan y dan sentido a la vida individual y social; por las estructuras del conocimiento que se emplean en la comprensión de la realidad y en la proyectación de las acciones y cambios que impulsan los sujetos; por los valores y la ética que presiden los comportamientos reconocidos como meritorios; por las formas que asume el arte y la creación intelectual y estética; en síntesis, por las formas y contenidos que adopta la cultura. Y a la base de todo ello, implícita o explícitamente, por un modo particular de relación entre teoría y práctica, entre el conocimiento y la acción.

Esta simple y sintética presentación de lo que es y de todo lo que implica una civilización, puede llevarnos al desaliento, pensando que crear una civilización nueva implica un cambio tan radical, y unas tareas y proyectos tan gigantescos, que están fuera de nuestro alcance. Por eso es importante hacer dos precisiones.

La primera es que esta caracterización de lo que es una civilización corresponde a su estructura madura y consolidada, a una civilización plena e integralmente constituida; de ahí que nos parezca algo tan grandioso y, por ello mismo, inaccesible. Pero lo que nos corresponde en nuestro tiempo, ahora, es solamente 'iniciar' la creación de una nueva civilización, darle comienzo, echar las bases de un proceso que deberá seguir por largo tiempo antes que se consolide, como ha ocurrido en todas las civilizaciones anteriores.

La segunda precisión se refiere a lo que significa hablar de una civilización 'nueva'. Cuando se piensa en una 'nueva civilización', tiende a suponerse que se trata de un orden socio-económico-político-cultural completamente diferente al existente, como si entre una civilización y la siguiente hubiese una ruptura histórica completa.

Tal suposición tiene su origen en una visión errónea que podríamos llamar 'catastrofista' respecto a lo que son la crisis y la decadencia de una civilización, como

9

si ésta se derrumbase como un edificio que colapsa entero sobre sus cimientos. Existe también la tendencia a enfatizar los elementos de originalidad y distinción de cada civilización respecto a la anterior, en el esfuerzo que se hace por identificar los rasgos y características propias de cada una. Además, se ha difundido la idea de que las civilizaciones son como los individuos, que nacen, envejecen y mueren. Así, con tal analogía, se piensa que cada civilización constituye un 'individuo' histórico diferente: muere un anciano, nace un niño.

Esa concepción de las civilizaciones y del tránsito de una a otra crea confusión, y no corresponde a lo que ocurre históricamente. Es cierto que en la historia humana ha habido casos de civilizaciones que desaparecieron completamente, de modo que otras han debido surgir prácticamente sin continuidad con la anterior, creando un orden social completamente original. Pero esto, que era más habitual en la antigüedad, cuando los cataclismos sociales, ambientales, las pestes, las guerras, podían destruir civilizaciones completas, ha ido desapareciendo, y en las épocas más recientes y, sobre todo, tratándose de civilizaciones más extendidas y fuertes, los elementos de una civilización que se conservan y que se prolongan e insertan en la civilización siguiente son cada vez más amplios. Es menos lo que se pierde y más lo que se recupera, de una civilización, en la que le sigue.

Será importante, entonces, junto con identificar los fundamentos emergentes y nuevos de la civilización por construir, descubrir los elementos de continuidad, para comprender algo muy importante, a saber, qué es lo que se conserva, cómo se prolonga y permanece activo, y cómo interactúa con los elementos decisivos y originales de la civilización nueva.

Iremos poco a poco examinando y profundizando estas importantes cuestiones en los próximos capítulos.

III.

Aquí se identifica al sujeto iniciador de la nueva civilización, y se explica el "fetichismo" de las organizaciones.

Que es necesaria una nueva civilización es algo que se viene afirmando desde hace tiempo. Pero poco se ha dicho sobre cómo lograr que ello ocurra realmente. Si, como explicamos antes, una nueva civilización implica un nuevo modo de vivir, y la formación de un nuevo 'tipo humano', hay que responder esta pregunta: ¿cómo se puede dar paso al surgimiento de un nuevo modo de vivir, y a la formación de un nuevo 'tipo humano?

Afirmamos también que una nueva civilización implica crear y desplegar una nueva economía, una nueva política y una nueva cultura. Tendremos que abordar entonces, también cuáles y cómo puedan ser y crearse esas nuevas economía, política y cultura. Todo esto lo iremos examinando paso a paso.

La primera cuestión que surge al pensar en iniciar la creación de una nueva civilización se refiere al **sujeto**, al **actor** o **protagonista** de tan notable proyecto.

En la sociología y en la ciencia política y en las ideologías reformistas y revolucionarias, suele sostenerse que el sujeto capaz de actuar un proceso de cambios sociales y políticos es un actor colectivo, llámese una clase social, un partido político, un movimiento u organización social.

Contradiciendo esa idea, cuando se trata de **iniciar** la creación de una civilización nueva, nosotros afirmamos que es el individuo el sujeto primero; que el **inicio** de la creación de una nueva civilización no puede ser otro que el individuo, la persona humana que ha de habitar en ella.

Afirmar esto no niega que las personas que asuman el proyecto de la nueva civilización tendrán que asociarse, organizarse e interactuar con otros, dando lugar a variados tipos de sujetos colectivos (asociaciones, comunidades, redes, etc.), que potenciarán la acción y la actividad creadora de los individuos mismos. Pero serán siempre estos individuos los sujetos primordiales. Primero hay que identificar a los individuos, y sólo después podrá verse cuáles y cómo han ser esas formaciones sociales, las que obviamente serán distintas a las que caracterizan a la actual civilización en crisis.

Identificar al individuo como el sujeto de la acción iniciadora de una nueva civilización tiene una importancia fundamental, y es una significativa novedad que presenta el proyecto de creación de una nueva civilización, respecto a los proyectos de reforma política o de cambios sociales al interior de la civilización que estamos dejando atrás. En efecto, la civilización moderna **ha llegado a ser** una civilización de las organizaciones, una civilización de luchas y conflictos multitudinarios, de grandes corporaciones, de partidos políticos y de movimientos sociales de masas.

Decimos que así "ha llegado a ser" la civilización moderna, porque en realidad en sus orígenes ella fue creada también por un cierto tipo de individuos, y específicamente por individuos que se plantearon a sí mismos como sujetos con derechos políticos (o sea, ya no súbditos sino ciudadanos), como sujetos con intereses e iniciativas económicas (como emprendedores y empresarios), como sujetos de libre pensamiento y actividad cultural ('pensadores', intelectuales, artistas, científicos, etc.). En tal sentido, también en el origen de la civilización moderna se encontraban los individuos, que dieron lugar a una 'sociedad civil' separada e independiente de los poderes e instituciones tradicionales (de tipo feudal, monárquico, eclesial,etc.) propios de la civilización medieval.

La civilización moderna fue una grandiosa y singular creación histórica, en que junto con el surgimiento del individuo moderno fueron posibles y se desplegaron las libertades de iniciativa económica, de organización social, de pensamiento. Es que, como hemos afirmado y por razones que profundizaremos más adelante, toda civilización es iniciada por el surgimiento de algún 'tipo humano' representado inicialmente por pocos, y que luego tiende a generalizarse.

La sociedad moderna ha llegado a estar tan basada en grandes organizaciones masivas, que nos cuesta pensar que el sujeto primero de un cambio tan inmenso como sería el paso a una nueva civilización pueda ser protagonizado por individuos. Existe actualmente lo que podemos entender como un 'fetichismo' de las organizaciones, en cuanto se les atribuye un valor mítico, y se los concibe como entidades meta-empíricas que actúan aún cuando sus miembros sean pasivos, que poseen ciencia y conciencia histórica aún cuando no tengan científicos y no realicen actividades de investigación, que están dotadas de una cultura e ideología aún si sus integrantes no desplieguen actividades creativas y no compartan las mismas convicciones ideológicas. Se cree que las organizaciones están en condiciones de intervenir eficazmente en la historia más allá de las actividades teóricas y prácticas concretas de sus miembros.

Antonio Gramsci afirmó sobre este 'fetichismo: "Un organismo colectivo está constituido por individuos particulares, que forman el organismo en cuanto se han dado y aceptan activamente una jerarquía y una dirección determinada. Si cada uno de los individuos particulares piensa al organismo colectivo como una entidad externa a sí mismo, es evidente que este organismo de hecho no existe más, sino que se convierte en un fantasma del intelecto, en un fetiche. Ello es común a una serie de organismos, como el Estado, la nación, los partidos políticos, etc. Se tiende a pensar las relaciones entre el individuo y el organismo como un dualismo, y a tener una actitud crítica exterior del individuo hacia el organismo (si es que la actitud no es de admiración entusiasta y acrítica); pero en ambos casos es una relación fetichista. El individuo espera que el organismo actúe, aún cuando él no actúe, y no reflexiona que estando su actitud pasiva muy difundida, el organismo es inoperante".

Lo que está observando Gramsci es que el sujeto de la acción es siempre el individuo, incluso cuando se trata de acción 'social', de acción histórica. Porque las colectividades están conformadas por personas, que son las únicas que pueden actuar, mientras que el 'sujeto colectivo' se mueve en la medida en que se muevan los sujetos individuales. La dirección que asuma un movimiento colectivo será siempre el resultado de la combinación de las acciones de los individuos que lo conforman.

Pero ¿qué es lo que causa el 'fetichismo' de las organizaciones? En realidad, en la sociedad moderna éstas se basan en una neta separación entre dirigentes y dirigidos, de modo que las organizaciones generan centros de poder y estructuras burocráticas, las cuales de hecho operan porque sus miembros actúan; pero la gran masa de los dirigidos permanecen pasivos, y sobre ellos recae la acción de los de arriba. Entonces, como un modo de ocultar la relación de poder y dominio así configurada, se atribuye la acción de los poderosos a las instituciones y organizaciones, que resultan así 'fetichizadas' para la masa de los subordinados que se someten a ellas, sin percatarse que se están subordinando a individuos y grupos humanos particulares.

Naturalmente, este fetichismo de las organizaciones e instituciones debe ser superado para que pueda darse lugar a una nueva civilización, porque los individuos forjadores de ella deben recuperar para sí el protagonismo de las decisiones y de la acción. De esta afirmación del individuo como sujeto primero y originante de una nueva civilización, afirmación que tendremos que ahondar, extraemos una primera conclusión: cada uno de nosotros puede llegar a ser protagonista de la creación de una civilización nueva y superior a la existente.

IV.

Donde se afirma que la nueva civilización está ya siendo construida por personas creativas, autónomas y solidarias.

Nos preguntamos en el capítulo anterior cuál puede ser el sujeto primario, actor o protagonista de la creación de una nueva civilización, y respondimos diciendo que sólo puede tratarse de individuos, hombres y mujeres. No pueden existir sujetos colectivos iniciadores de una nueva civilización, a menos que hayan aparecido ya, previamente, las personas que sean portadores de los modos de ser, de pensar, de relacionarse y de actuar propios de ella.

Ahora bien, el individuo sujeto-iniciador de la nueva civilización no es el hombre o la mujer que se encuentran perfectamente adaptados a la civilización que perece. El hombre y la mujer contemporáneos, en su gran mayoría, son personas conformadas según las pautas de la civilización moderna en crisis. Es obvio que no pueden ser iniciadores de una civilización nueva y superior, individuos masificados, consumistas, seguidores de las modas, competitivos, arribistas, dependientes del 'sistema' y subordinados a los modos de sentir, de relacionarse y de comportarse correspondientes a los requerimientos y demandas de la economía, la política y la cultura modernas.

En un artículo que escribí hace un tiempo titulado "Las necesidades y la naturaleza humana (teniendo como trasfondo la posibilidad de una civilización superior)" examiné ampliamente la pregunta sobre la posibilidad de formación y desarrollo de un nuevo 'tipo humano', capaz de iniciar la creación de una nueva civilización, en cuanto portador incipiente de ella: de sus modos de vivir, de relacionarse, de comportarse y de actuar. Aquí daremos por adquirida la respuesta positiva que obtuve en aquella indagación, esto es, la afirmación de que los seres humanos podemos configurarnos de distintos y muy variados modos, y que en consecuencia es posible el surgimiento de nuevos modos de ser individuos, de ser personas humanas, de ser hombres y mujeres. Sobre esto volveré más adelante.

Adelantemos por ahora una caracterización general del 'tipo humano' necesario para iniciar la creación de una nueva civilización superior a la existente: lo podemos identificar y caracterizar como un sujeto - hombre o mujer - **'creativo, autónomo y solidario'**. ¿Por qué creativo? ¿Por qué autónomo? Y ¿por qué solidario?, y qué implica cada una de estas caracterizaciones, lo iremos exponiendo a medida que avancemos en nuestros análisis y reflexiones.

Pero podemos y debemos adelantar algo, para evitar desde ya lo que sería una grave equivocación. Cualquiera sea lo que entendamos por sujeto 'creativo, autónomo y solidario', se tratará siempre y en todo caso, de un modo de ser humano que requiere ser formado, construido, desarrollado, a partir del modo de ser de las personas concretas que habitan esta civilización que decae.

Pero nadie externamente puede 'formarlo' ni 'construirlo' ni desplegarlo. Es necesario que el individuo se forme a sí mismo, libre y voluntariamente, experimentando el proceso personal que lo convierta en un sujeto creativo, autónomo y solidario. Esto significa, más concretamente, que las personas reales y actuales que quieran ser creadores de una nueva civilización, deberán **desarrollar su creatividad, conquistar su autonomía y hacerse solidarias**, mediante un proceso de desarrollo personal.

Este desarrollo personal no puede ser impuesto desde fuera a cada individuo, pero podrá ser facilitado y apoyado por otras personas que, más avanzadas en el logro de dichas cualidades de creatividad, autonomía y solidaridad, les abran el camino, les testimonien y demuestren que es posible, y les ofrezcan los resultados de sus propios avances y logros, sobre los cuales podrán otras personas apoyarse. En tal sentido, veremos más adelante la importancia de la educación y de las comunicaciones en tal proceso.

Dicho esto, podemos afirmar que personas creativas, autónomas y solidarias ya existen, y seguramente en mayor proporción de lo que suele creerse. Esto significa que **una nueva civilización, superior a la existente en crisis, ya está aquí, entre nosotros, como semilla, en germen**. Y si es así, lo primero que hay que hacer es **aprender a reconocerla,**

descubrirla, y decidirnos a participar en su desarrollo.

Es obvio que la construcción de una nueva civilización es un proyecto, una tarea, una obra gigantesca. Pero la historia enseña que los comienzos de una civilización son algo que ocurre con cierta espontaneidad. Si miramos las grandes civilizaciones que se han sucedido a lo largo de la historia humana, de hecho encontraremos que sus comienzos fueron normalmente procesos puestos en marcha por pocas personas, en base a un cierto conjunto de ideas muy claras y profundas, pero nunca complicadas ni difíciles de comprender.

De hecho, las civilizaciones comienzan a nacer en el seno de las civilizaciones en crisis orgánica, en las cuales la construcción de una nueva superior civilización aparece como una necesidad, y como respuesta a problemas reales y actuales que afectan la vida de las personas. Una necesidad que al comienzo es sentida por pocas personas, y unas respuestas a situaciones que son enfrentadas inicialmente por pequeños grupos. Pero la conciencia de esa necesidad y las iniciativas desplegadas inicialmente en pequeña escala, se extienden muy rápidamente a medida que la crisis de la vieja civilización se acentúa deteriorando la vida civil, la convivencia, la calidad de vida, los valores y las ideas que la sustentaron por siglos, pero que ya muy poco significan para las nuevas generaciones.

Como decía, las civilizaciones han comenzado siempre con la obra y la acción de unas pocas

21

personas, y de pequeños grupos que ellas mismas crean, los cuales progresivamente se expanden por la integración de un creciente número de participantes, hasta constituir una fuerza intelectual, moral y política significativa. En tal sentido, **la nueva civilización se está gestando en el seno de la civilización actual y convivirá con ella durante un período de tiempo prolongado**.

Podemos decir que la nueva civilización ya existe, en pequeñísima escala, cuando se constituye el primer grupo o conjunto de individuos que viven, se relacionan, piensan, sienten y se comportan según las formas y contenidos de la civilización que empiezan a construir.

Afirmo con plena convicción que la nueva civilización se está ya construyendo, que muchas personas están de hecho participando en ella, y que en distintos lugares del mundo se están poniendo los cimientos sobre los cuales se levantará como una edificación social magnífica.

Obviamente, no cualquier sujeto que afirme ser portador de una nueva civilización, es verdaderamente embrión e iniciador de una civilización nueva. Esas personas y esos grupos que merezcan el calificativo de fundadores, deben cumplir ciertas condiciones, sin las cuales jamás podrán desplegarse hasta abarcar las necesarias dimensiones civilizatorias.

Para decirlo en general, ellos deben contener y ser portadores, en semilla, de los componentes esenciales de la nueva, superior civilización. Han de ser, como dijimos, personas y grupos creativos, autónomos y solidarios. Lo que implica cada uno de estos términos lo iremos examinando en los próximos capítulos.

V.

En éste se comienza a explicar el significado de la autonomía necesaria y se muestra que no es fácil alcanzarla.

Afirmamos que los actores y protagonistas de la creación de una nueva civilización son personas creativas, autónomas y solidarias: tres términos con que caracterizamos al 'tipo humano' distintivo de una civilización superior. Debemos precisar el significado y las implicaciones de cada una de estas connotaciones.

Empecemos por la autonomía, condición necesaria que han de tener los sujetos que inicien una nueva civilización, porque quien sea dependiente o subordinado o se encuentre de algún modo atrapado en la civilización dada, no podrá ser activo en la creación de una nueva.

En una primera aproximación diremos que para ser autónomos hay que pensar con la propia cabeza y decidir con la propia voluntad, y no delegar las decisiones respecto a los aspectos más importantes que afectan a nuestra vida. Autónomos son sujetos que han decidido recuperar para sí el control sobre sus propias condiciones de vida.

Alcanzar la autonomía, pensar con la propia cabeza, decidir por sí mismo, recuperar el control de nuestras condiciones de vida, no es algo fácil ni obvio. Muchas personas creen que son autónomas pues sienten que viven como quieren vivir y que tienen sus vidas bajo control; pero en los hechos se comportan como les indica su grupo de pertenencia. Sus aspiraciones no difieren de las que tiene la mayoría; adhieren a la mayor parte de las ideas que les ofrecen los medios; consumen lo que les recomienda la publicidad; siguen las modas al vestirse y proveerse de diferentes mercancías; desean tener sus viviendas en los lugares que todos creen que son los más prestigiosos; intentan estudiar en los centros educacionales que aparecen en los *rankings* como los mejores; se endeudan en los bancos del sistema; se divierten en los centros de diversión donde encontrarán buenas afluencias de público; vacacionan donde los publicistas les aseguran que tendrán adecuadas entretenciones; cuidan sus empleos como cualquier vecino y compañero de trabajo; actúan como se les ha enseñado que deben hacerlo para no perder el empleo, el prestigio, los grupos de pertenencia; leen los libros que aparecen recomendados por los críticos habituales, o que tienen records de ventas; ven las películas que concitan las más altas taquillas.

Quien mantenga deudas en tarjetas comerciales, o créditos de consumo en el sistema financiero, está muy lejos de la autonomía, al menos tan lejos como el tiempo que necesitará para quedar libre de todo endeudamiento en que haya incurrido siguiendo las pautas de consumo y gasto que el 'sistema' quiere que siga, y que lo obliga a perseguir como objetivo permanente los ingresos indispensables para cubrir las cuotas que vencen mensualmente: objetivo que le han fijado los acreedores, o sea, los mismos que lo indujeron a endeudarse adoptando las pautas de consumo y el modo de vida predominantes.

Sobre la dependencia en lo económico y en lo político y sobre los posibles modos de superarla, nos detendremos más adelante. Es preciso partir de lo primero, que es lo más difícil y también lo más importante, esto es, la autonomía cultural, que comienza con **pensar con la propia cabeza**.

Antonio Gramsci, pensador italiano a quien considero precursor y en ciertos aspectos el iniciador de la ciencia de la historia y de la política orientada a poner los fundamentos de una nueva civilización, afirmaba que para llegar a pensar autónomamente, es preciso ante todo adquirir conciencia de que habitualmente lo que hacemos es participar mecánicamente de concepciones del mundo que hemos adquirido pasivamente, o aprendido en la escuela, en la Iglesia, en el partido, en los medios de comunicación, en el mercado. Decía que normalmente adoptamos ideas y modos de pensar y de sentir en forma acrítica, 'naturalmente', tomándolas de los grupos sociales en que nacemos o a los que nos integramos en distintos momentos de nuestra vida, y que van impregnando nuestra conciencia sin darnos mucha cuenta de ello. Así, aceptamos un 'sentido común' conforme al cual somos parte de determinados grupos, de determinadas culturas, de una cierta civilización dada. Por ejemplo, nos concebimos integrados en una nación, creemos en un Estado del que esperamos soluciones a muchos problemas, adherimos a algunas ideologías políticas, adoptamos ciertas creencias religiosas, éticas, filosóficas, que no hemos elaborado personalmente, y que no hemos sometido a reflexión y crítica.

Esto no quiere decir que dichas ideas y creencias sean todas falsas ni erróneas o negativas, sino solamente que no las hemos elaborado personalmente, que las asumimos pasivamente, que las adoptamos tal como nos fueron presentadas. El problema es que al configurarse nuestra conciencia de esta manera, adquirimos un pensamiento heterogéneo y confuso, pues las ideas que vamos adoptando nos han llegado y continúan llegándonos desde fuentes muy diversas.

Para lograr pensar por sí mismos, al nivel de autonomía requerido para ser creadores de una civilización nueva, el mismo Gramsci indica un requisito esencial: es necesario someter a crítica todas nuestras creencias, hasta las más fundamentales.

Someterlas a crítica no significa desecharlas, negarlas, abandonarlas. Se trata en cambio de trabajar sobre ellas y **llevarlas a un nivel de elaboración superior, integrarlas en una concepción unitaria, acceder a un punto de vista más elevado, desde el cual podamos comprender el significado histórico de las diferentes teorías, ideologías, creencias**.

Escribió Gramsci: "Criticar la propia concepción del mundo es tornarla consciente y homogénea, y elevarla hasta el punto al que ha llegado el pensamiento mundial más avanzado". Y agregó: "El comienzo de la elaboración crítica es la conciencia de lo que realmente se es, es decir, un "conócete a ti mismo" como producto del proceso histórico desarrollado

27

hasta ahora, y que ha dejado en ti mismo una infinidad de huellas recibidas sin beneficio de inventario. Hay que comenzar por hacer ese inventario." Esto es, reconocer el origen de nuestras creencias y de las ideas que hemos adoptado, y entonces, considerando lo aprendido y asumido como solamente un punto de partida, crear, innovar, desarrollar un pensamiento propio.

Claro, esto parece demasiado difícil, muy complejo, casi inalcanzable. Pero nadie ha dicho que iniciar la creación de una nueva civilización sea algo fácil. Además, evidentemente, nadie podrá lograrlo por sí solo. De ahí la importancia de que ya desde los inicios de la creación de la nueva civilización, quienes se lo propongan como objetivo, quienes deseen colaborar en tan magno proyecto, quienes aspiran a la autonomía, se relacionen, se asocien, dialoguen, se critiquen recíprocamente, colaboren en el proceso de acceder a dicho punto de vista superior. **El avance hacia la autonomía es también, simultáneamente, un camino de creciente solidaridad.**

VI.

Se toma distancia de las concepciones anti-sistémicas confrontacionales y se explican las fases y los modos de la conquista de la autonomía.

Para comprender correctamente el significado de la autonomía cultural necesaria para encaminarse en la creación de una civilización nueva, es preciso efectuar una neta diferenciación respecto de las propuestas contra-culturales y de las ideologías y políticas antagónistas contra el 'sistema' capitalista y estatista.

Los límites de esos enfoques críticos son, a mi parecer, dos fundamentales. El primero es que permanecen al interior de una concepción de izquierda (socialista, marxista, neo-marxista) que es parte del sistema político vigente, de la civilización del Estado y de los partidos, y que piensa que la superación del capitalismo ocurriría como resultado de una **lucha contra** el sistema, y que por consiguiente requiere la existencia de sujetos políticos anti-sistémicos, antagonistas, combatientes, revolucionarios.

El otro límite de esas concepciones antagonistas es suponer que el 'sistema' es de tal modo poderoso y capaz de cooptar y de funcionalizarlo todo, que nada puede crearse que lo trascienda mientras no sea antes destruido. Esto significa no comprender las potencialidades de la autonomía intelectual y moral que pueden alcanzar individuos y grupos creativos, autónomos y solidarios, auto-organizados, y que en base a dicha creatividad, autonomía y solidaridad, sin necesidad de primero destruir al capitalismo y al estatismo, pueden iniciar la creación de una nueva superior civilización.

Es muy importante comprender a fondo la distinción esencial entre el antagonismo y la autonomía, que es algo crucial y novedoso, en cuanto la mayoría de las propuestas de cambio social, político y económico son actualmente entendidas en el sentido de una lucha 'contra' el sistema, o sea en términos de antagonismo y no de autonomía; y hay que comprender por qué actuando de ese modo se llega a ser estéril o no se contribuye – incluso a menudo se dificulta – la creación de una nueva civilización.

Lo examinaremos "a partir" de una idea propuesta por Gramsci, según la cual, para alcanzar la autonomía, un movimiento cultural, social o político debe superar ciertos momentos o fases primitivas de su desarrollo.

Un primer momento o fase sería la de escisión, ruptura o separación, es decir el diferenciarse, separarse y 'romper' con la realidad y el 'sistema' imperante, con lo cual junto con tomarse distancia se crea una identidad propia; pero una identidad definida como negación y reacción frente a la realidad existente. Por ejemplo, respecto del capitalismo, sería ser no-capitalista, o limitarse a proponer un proyecto no-capitalista. Es una fase tal vez necesaria pero estéril en cuanto a resultados y logros, porque separándose, alejándose de la realidad dada, no se

30

interactúa con ella, no se la transforma, y se permanece como en una isla marginal.

Un segundo momento o fase sería el de antagonismo, es decir, de la oposición, la contradicción y la lucha contra la realidad existente que se quiere negar, destruir o superar. La identidad de sí es en esta fase definida por oposición: es una identidad "contra", "anti". Por ejemplo, ser anti-capitalista y proponerse luchar contra el capitalismo. En este tipo de movimiento se interactúa con la realidad general, pero en forma de lucha y de conflicto, y el resultado no puede ir más allá del desenvolvimiento del conflicto mismo. El adversario se refuerza en proporción a la intensidad de la lucha de quienes lo combaten, y no se genera una realidad nueva, más allá de la exacerbación del antagonismo.

Estos dos momentos o fases, o mejor, los movimientos que tengan estos niveles de conciencia y de propuesta, no son autónomos, porque se definen en función de lo que critican, y en consecuencia permanecen subordinados a ello. La oposición, la crítica, el antagonismo, la lucha contra, constituyen actitudes que permanecen en el nivel de la negación de lo viejo, no de la afirmación de lo nuevo superior, que no alcanzan siquiera a concebir ni a proyectar, porque en esa fase la conciencia permanece al interior de la realidad existente en función de la cual los sujetos se definen contrarios, enemigos y combatientes.

Alcanzar la autonomía implica ir más allá de la negación y del antagonismo, siendo necesaria una auto-definición positiva, sobre la base de una propia, superior, integral concepción del mundo (y proyecto cultural, político, económico).

La autonomía debe ser claramente diferenciada de la escisión o ruptura, y ello no siempre se comprende, porque se tiende a pensar la autonomía como independencia, como diferenciación y como diversidad. Dice Gramsci, en cambio, que la autonomía supone acceder a un punto de vista más elevado, superior, que nosotros hemos llamado 'comprensivo'. Hay que llegar a ponerse en una posición más alta, "inaccesible para el campo adversario". No se trata de salir y quedarse **fuera** (separación), ni de ponerse y estar **contra** (antagonismo), sino de ponerse **por encima**, en el sentido de haber alcanzado una visión más amplia y de estar en condiciones de valorar incluso a los 'adversarios', de aprender de ellos, y de hacerlos parte del propio proceso, sin tener temor de ser absorbidos por ellos.

En las fases (o movimientos) primitivos de la ruptura y del antagonismo, se teme al adversario, al 'sistema', y sobre todo se tiene miedo de ser reabsorbidos por él, al que se imagina poseyendo una fuerza superior. Por ello, en esa fase la actividad intelectual principal es la crítica, la negación de las concepciones adversarias, una crítica que tiende a ser total, completa, porque se cree que si se acepta o se reconoce una parte de verdad, de validez o de valor que puedan tener, se teme que aquellas concepciones criticadas puedan 'infiltrarse' contaminar, o que los propios seguidores

32

caigan en la trampa y sean cooptados, o al menos que se debilite el antagonismo y el conflicto.

En cambio, en la fase de la autonomía no se teme al adversario, porque en realidad no se tiene un adversario, sino concepciones poco elaboradas que deben ser superadas, pudiéndose y debiéndose integrar en la propia, superior concepción, conocimiento y proyecto, todo aquello que pueda descubrirse de verdadero, de valioso, en las realidades y concepciones precedentes (que, obviamente, no pueden ser totalmente erróneas, nulas y sin valor alguno).

Pero más importante aún, es el hecho que los movimientos antagonistas se niegan a crear la nueva realidad, o no se proponen comenzarla en el presente, porque creen que primero y antes de crearse lo nuevo debe suprimirse lo viejo, debe derrumbarse el sistema establecido. Y como éste no se derrumba, pasan los años, las décadas y los siglos en una lucha interminable, y siempre con la esperanza del derrumbe que no acaba de llegar. Así, siempre se posterga el inicio de la creación de lo nuevo.

Pero, peor aún es el hecho que permanecer en el antagonismo, en la lucha y en el conflicto, tiene como resultado previsible el reforzamiento del 'sistema' que se quisiera suprimir, porque frente a quienes lo critican y tratan de destruirlo mediante el empleo de la fuerza, sus defensores se atrincheran, se protegen, lo refuerzan, lo perfeccionan, etc.

Llegar a ser autónomos, esto es, superar los momentos

de la separación o ruptura y del antagonismo, y entonces elevarse a un punto de vista superior, comprensivo, es condición para iniciar la creación de la nueva civilización. Creación que no debe esperar el derrumbe de la civilización establecida para abrirse camino y comenzar a desplegar sus propias potencialidades.

VII.

Aquí se presenta la segunda cualidad que distingue al 'tipo humano' de la nueva civilización: la solidaridad.

Al individuo creador de una nueva civilización lo identificamos como un 'tipo humano' provisto de tres cualidades esenciales: creatividad, solidaridad y autonomía. Hombres y mujeres creadores de una civilización superior son sujetos creativos, autónomos y solidarios.

Nos referimos ya a la autonomía, caracterizándola por sus contenidos principales, distinguiéndola de modos erróneos o insuficientes de entenderla, y mostrando el proceso a través del cual podemos alcanzarla. Abordaremos ahora la solidaridad, que también requiere ser claramente identificada, distinguida de modos equivocados de entenderla, y que supone igualmente un proceso de desarrollo personal para lograrla.

La solidaridad -igual que la autonomía- es una condición necesaria que han de tener los sujetos que inicien una nueva civilización, porque quien sea individualista o esté decididamente volcado a realizar su propio interés, no podrá ser activo en la realización de un gran proyecto humano y social que supone la acción convergente y coordinada hacia objetivos compartidos por muchas personas.

Pero debemos precisar el significado de la solidaridad necesaria, pues actualmente, y especialmente en el contexto de la actual crisis de la cultura y de la política, se habla de la solidaridad con mucha liviandad, atribuyéndole contenidos que muy poco tienen que ver con una solidaridad auténtica.

Etimológicamente la palabra solidaridad viene del vocablo latino **'solidus'**, que tiene tres acepciones: 1. Sólido, o sea, firme, macizo, denso y fuerte. 2. Un cuerpo sólido que, debido a la gran cohesión de sus moléculas, mantiene forma y volumen constante. 3. Una persona sólida, consistente, establecida con razones fundamentales y verdaderas.

En los diccionarios encontramos las siguientes acepciones de la palabra solidaridad: 1. Un vínculo que une a varios individuos entre sí, para colaborar y asistirse recíprocamente frente a las necesidades. 2. El conjunto de los vínculos que unen a la persona singular con la comunidad de la que forma parte, y a ésta con cada persona singular. 3. Solidaridad humana, social, es el compartir con otros sentimientos, opiniones, dificultades, dolores, y actuar en consecuencia.

Podemos decir, entonces, que en su significado original y riguroso la solidaridad es **una relación horizontal entre personas que constituyen un grupo, una asociación o una comunidad**, en la cual los participantes se encuentran **en condiciones de igualdad**. Tal relación o vínculo interpersonal se constituye como solidario **en razón de la fuerza o intensidad de la cohesión mutua**, que ha de ser mayor al simple reconocimiento de la común pertenencia a una colectividad. Se trata, en la solidaridad, de **un vínculo especialmente comprometido, decidido**, que **permanece** en el tiempo y se manifiesta en acciones eficaces.

Estos contenidos fuertes y comprometidos que tiene la palabra solidaridad quedan ocultos en cierto empleo liviano que se ha hecho habitual en muchos medios de comunicación, que a su vez se hacen eco del uso y abuso de ella en algunos ambientes sociales, religiosos y políticos. En efecto, se ha vuelto común emplear la palabra solidaridad para referirse al asistencialismo y a las donaciones de caridad, como también a ciertas políticas de impuestos para otorgar subsidios a los pobres y a ciertos grupos de personas discapacitadas, minusválidas o marginadas.

Tales empleos de la palabra modifican y en cierto modo deforman y degradan el sentido de la solidaridad, al despojarla de cinco principales contenidos de su acepción original: a) la solidez de la interacción grupal que lleva a constituir el hecho o la realidad solidaria como un cuerpo sólido (algo consistente, denso, que no es líquido, fluido ni gaseoso); b) la igualdad de situación y de compromiso u obligación en que se encuentran las personas que solidarizan; c) el relacionamiento de todas ellas mediante un vínculo de mutualidad, reciprocidad y participación en un colectivo o comunidad (conformado por quienes solidarizan); d) la intensidad de la unión mutua que hace constituir al grupo como algo fuerte, definido, establecido por razones fundamentales y verdaderas; e) el carácter no ocasional sino estable y permanente de la cohesión solidaria.

Entendiendo la solidaridad de este modo exigente, nos damos cuenta que llegar a ser solidarios no es fácil, especialmente a partir de las situaciones actuales en que ser individualista, volcarse hacia el logro de intereses personales, competir con los demás por escalar en posiciones de prestigio, de poder y de riqueza, parecen estar a la base del auto-reconocimiento, y del reconocimiento por los demás, de una persona como exitosa, importante y merecedora de aprecio y consideración.

Ante el objetivo de iniciar la creación de una nueva civilización, se nos plantea entonces la necesidad de un proceso de desarrollo personal, que ha de ser simultáneo y convergente con el ya mencionado proceso de conquista de la autonomía. Pero si al referirnos a la autonomía enfatizamos que se trata de un proceso que debe desplegarse fundamentalmente por cada individuo, siendo los demás colaboradores y facilitadores del proceso personal, en esta ocasión invertimos los términos.

Porque la solidaridad, siendo una cualidad que puede caracterizar a un individuo y distinguirlo de otros que no lo sean, es sin embargo una cualidad que se forma, crece y se constituye en el relacionamiento entre las personas, en sus actividades conjuntas, en los procesos de formación de las familias, las comunidades, las organizaciones y las redes. No se puede ser solidario solo, sino estando juntos con otros. Es en cuanto parte integrante de esos agrupamientos que aprendemos a ser solidarias, cuando al interior de ellos vamos compartiendo objetivos y asumiendo esa conciencia, esa voluntad y esos sentimientos compartidos y comunes que son constitutivos de la solidaridad.

Dicho esto, es importante comprender que llegar a ser solidarios no es un proceso de negación de sí mismo ni de los propios objetivos, proyectos e intereses, ni mucho menos implica algún anulamiento de la conciencia, la voluntad y las emociones individuales.

La idea de que ser solidarios implica un sacrificio de lo personal se origina precisamente en aquellas falsas concepciones de la solidaridad a que nos referimos anteriormente, en cuanto al concebir la solidaridad como asistencialismo y beneficiencia o como la obligación de pagar impuestos y dar mayor espacio a las actividades estatales subsidiarias, se tiende a asociar la solidaridad con el asumir comportamientos y realizar acciones que benefician a terceros a costa de sacrificar algo de lo propio.

Pero si concebimos la solidaridad como compartir objetivos, no se trata de negar los propios para asumir los de otros, sino de articular los objetivos de uno con los objetivos de otros, implicando un proceso en que los propios objetivos son asumidos por los demás, en la misma forma y proporción en que uno asume los de ellos. De este modo, esos que inicialmente eran los objetivos propios, se han expandido, integrado en una conciencia y en una voluntad colectiva que los asume como propios del grupo. Y así también, cada uno enriquece, no empobrece, sus propios objetivos, proponiéndose mayores y más elevados objetivos, posibles de realizar precisamente porque no son solamente 'mis' objetivos individuales, sino 'nuestros' objetivos compartidos, en cuya realización y logro estamos todos involucrados.

Lo comprenderemos mejor cuando, en el próximo capítulo, examinemos las implicaciones y los impactos de la solidaridad sobre cada persona, sobre los grupos, y sobre la sociedad circundante.

VIII.

Se examina la solidaridad como una energía social que surge de la unión de conciencias, voluntades y emociones: el 'Factor C'.

Examinaremos ahora la solidaridad como una fuerza activa y como un elemento constituyente de la nueva civilización, más allá de lo que ya vimos que era: una condición necesaria que han de poseer los iniciadores de aquella.

La solidaridad es una fuerza, una energía poderosa, más allá de constituir una 'virtud' de las personas (si bien la palabra 'virtud', etimológicamente significa precisamente 'fuerza'). Para ser más precisos y relacionar ambas nociones, digamos que la solidaridad es un **valor** que se constituye en las relaciones y actividades intersubjetivas, que al vivirse y practicarse concretamente se constituye como una **virtud** en las personas, que las fortalece.

En las elaboraciones teóricas que hemos realizado en torno a la economía solidaria, formulamos y desarrollamos el concepto del **'Factor C'**, que identificamos precisamente como **'la solidaridad convertida en fuerza productiva'**. Vamos ahora a extender este concepto, que en realidad es aplicable también a la nueva política y a la nueva cultura (que como veremos más adelante, han de ser una política

41

de solidaridad y una cultura de solidaridad), y es válido para todo el proceso de creación de una civilización nueva y superior.

A la solidaridad convertida en fuerza la denominamos Factor C. 'Factor', porque multiplica, porque actúa de manera eficaz, produciendo efectos significativos. En economía, se habla de los 'factores productivos' para referirse a las 'fuerzas productivas', a los 'recursos productivos'. A la solidaridad como factor la representamos con la letra C, porque con esta letra comienzan muchas palabras que nos permiten identificar sus contenidos reales. Así, comunidad, colaboración, cooperación, comunión, común, compartir, comunicación, comensalidad, y todas aquellas que comienzan con el prefico 'co' en su significado de 'hacer algo juntos'.

Pero ¿qué identifica realmente a este Factor C? ¿Cómo podemos definirlo? **El Factor C es**, concretamente, el hecho que **la unión de conciencias, voluntades y emociones de un grupo de personas, en pos del logro de determinados objetivos o de la realización de ciertas actividades, incrementa, multiplica el logro de dichos objetivos, la eficacia de esas actividades**.

Decimos: 'unión de conciencias, de voluntades y de emociones' tras el logro de ciertos objetivos.

La unión de conciencias no significa pensar todos igual, sino compartir conscientemente objetivos, orientarse en una cierta dirección común, haber logrado un significativo nivel de comunicación entre los integrantes del grupo, asociación o comunidad en referencia.

Unión de voluntades significa compartir propósitos y querer fuertemente realizarlos, aplicarse al logro de objetivos comunes, desplegar actividades coordinadas para avanzar en un proceso querido por todo el grupo.

Unión de emociones significa, por ejemplo, alegrarse todos ante un hecho que beneficia al grupo o a cualquiera de sus integrantes, entristecerse frente a situaciones negativas imposibles de enfrentar, animarse unos con otros ante las dificultades, y en general, compartir sentimientos de afecto entre los participantes del colectivo, quererse.

Que la unión de conciencia, voluntades y emociones multiplica las realizaciones y potencia el logro de los objetivos compartidos en un grupo, es una experiencia universal, un hecho psicológico, sociológico e histórico que tiene muchísimas manifestaciones y múltiples evidencias. En una familia unida en sus propósitos, donde sus integrantes se apoyan y se quieren, todos ellos son más felices, los niños crecen armónicamente y obtienen mejores resultados escolares, los padres alcanzan más logros en sus trabajos, la integración en la comunidad es mejor realizada, y en general se cumplen de mejor modo los proyectos familiares, que en otras familias donde abunden las desaveniencias. En un club deportivo donde los jugadores están unidos, hay buena integración con los técnicos, hay afinidad con los directivos del club, y los hinchas se ponen firmemente la camiseta del equipo, éste convierte más goles, gana más partidos, obtiene mayores triunfos. En la historia hay numerosos ejemplos de ejércitos menos numerosos y peor armados pero muy cohesionados por la convicción de la causa por la que combaten, que han vencido a ejércitos más numerosos y mejor armados pero menos cohesionados y con poca convicción o conocimiento de las razones de su lucha. En política, partidos y movimientos cohesionados logran mayores adhesiones ciudadanas y obtienen más realizaciones que aquellos en que hay facciones y grupos que lo dividen internamente. Lo mismo en el ámbito religioso o cultural, la atracción de fieles y la convicción de la fe de quienes participan en ella, depende en grandísima medida de la comunidad de conciencia y de voluntad, así como de los afectos que unan a sus integrantes. Y también en el campo económico, una empresa en que sus trabajadores, técnicos, gestores y propietarios están cohesionados y 'se ponen la camiseta' de la empresa, su productividad se incrementa y es muy superior al de aquella atravesada por conflictos internos.

Es importante comprender **cómo actúa esta energía comunitaria**, esta fuerza de la solidaridad, que la convierte en factor multiplicador de las realizaciones.

Un primer modo es que el Factor C (como lo hemos nombrado), **potencia a cada uno de los individuos** que forman parte del grupo. Los potencia en cuanto la pertenencia a un grupo integrado refuerza las convicciones, la autoestima, las capacidades realizadoras. Al contrario, quienes están aislados o se sienten solos son más débiles, tienden a creerse incapaces de grandes realizaciones. Cuando un individuo se plantea objetivos compartidos por otros, y tiene una conciencia, voluntad y emociones que lo integran a un grupo de pertenencia, indudablemente se siente fuerte y capaz de grandes cosas, porque sabe, siente y comprueba que no es el único que lo desea y actúa en la misma dirección.

El segundo modo en que actúa el Factor C es **potenciando al grupo como tal**, al colectivo, comunidad o red, pues la coordinación de las acciones se hace más fluida, la complementación de las capacidades permite la realización de obras que de otro modo serían imposibles. Digamos que un grupo unido integra la fuerza de todos sus miembros y agrega algo más.

Y un tercer modo en que actúa el Factor C haciendo más eficaz la actividad de todos es que la unión que se verifica en su interior, vista y apreciada por quienes están en las cercanías del grupo, **atrae las voluntades positivas de quienes lo rodean**. La unión de un grupo atrae a otros que al apreciarla desean y aspiran pertenecer al mismo grupo, mientras que la observación de un grupo atravesado por desavenencias, luchas y conflictos, repele, aleja a quienes lo perciben, pues en general las personas no desean involucrarse en conflictos ajenos.

Así actúa el Factor C, así es como la solidaridad alcanza eficiencia y eficacia. Pero hay más que decir al respecto, cuando el proyecto consiste en iniciar la creación de una civilización superior. Lo veremos en el próximo capítulo.

IX.

Se requiere una solidaridad muy fuerte si se trata de un proyecto tan grande como el de iniciar la creación de una nueva civilización.

Para que la solidaridad se convierta en fuerza realizadora, o sea para la formación de un auténtico Factor C eficiente y expansivo, no basta la amistad y el compañerismo, siendo indispensable la cooperación práctica de las personas en la realización de una obra común. Se requiere, además, que las personas que comparten propósitos y que mantienen entre sí afectos que los unen, se propongan objetivos superiores a ellos mismos, que vayan más allá de los que pueden ser los intereses y objetivos del grupo que ellos forman.

Esto es aún más importante cuando de lo que se trata es nada menos que de iniciar la creación de una nueva civilización. Podemos decirlo de otro modo: hay egoísmos colectivos que hay que superar. En el caso de la creación de una nueva civilización es preciso crear un Factor C, **una solidaridad, acogedora y abierta a todos, que sea incluso capaz de universalizarse.** Porque un Factor C, una solidaridad que se cierre corporativamente, no sirve para un proyecto como éste.

Si miramos las grandes realizaciones históricas, si estudiamos la gestación y formación de las civilizaciones, encontraremos en sus orígenes a pequeños grupos de personas; grupos inicialmente pequeños, pero potenciados por dos cualidades que los hicieron poderosamente expansivos.

La primera de ellas es, precisamente, que **su objetivo era un gran objetivo, una gran idea, un proyecto que se proponían que abarcase a la sociedad en su conjunto, o que tenía un potencial de genuina universalidad.**

Acceder a un nivel de conciencia universal es hoy más necesario que nunca antes en la historia, pues los principales problemas que nos afectan son problemas que afectan a la humanidad entera. La llamada globalización está poniendo de manifiesto esta dimensión planetaria de los problemas, y que es igualmente planetaria la solución posible. La cuestión del medio ambiente y de los desequilibrios ecológicos nos enseña que es la tierra en su conjunto la que debe entrar en una nueva civilización. La mundialización de las informaciones y de las comunicaciones hace posible que tomemos conciencia de que somos parte de una humanidad que comparte una historia común y un mismo destino.

Pero la pregunta que surge y que hay que responderse es ésta: ¿cómo se accede a una conciencia universal? ¿Cómo se universaliza la propia solidaridad? Esto lo abordaremos más adelante, pero podemos por ahora adelantar lo siguiente.

Acceder a un nivel de conciencia universal no es simple cuestión de proponérselo, ni tampoco es algo

47

que se obtiene por el simple deseo de superar los egoísmos. **La conciencia universal se construye mediante la elaboración de un proyecto de dimensiones universales. La propia comprensión y elaboración del proyecto de una civilización superior constituye el camino real para lograr un paso a un nivel de conciencia superior.**

Dijimos que dos son las cualidades que han distinguido a los pequeños grupos que han mostrado ser capaces de iniciar la creación de una civilización entera. La primera es ésa de la universalidad. La otra, que examinaremos ahora, es que el Factor C que poseían era de una potencia inmensa, de una fuerza en cierto sentido avasalladora. Pues bien, ¿qué es lo que determina la potencia de un Factor C, de la solidaridad eficiente de un grupo humano?

La respuesta es simple, y obviamente coherente con el propio concepto del Factor C. La fuerza y energía capaz de desplegar un grupo cohesionado por una conciencia, una voluntad y unas emociones compartidas, depende de **la calidad e intensidad de su unión integradora**. Es fundamental, entonces, crear Factor C de la mejor calidad y de la mayor intensidad posibles. Más concretamente, la fuerza del Factor C depende del grado o nivel de unión de las conciencias, voluntades y sentimientos de las personas que forman el grupo solidario, en torno a un objetivo común. **A mayor intensidad de unión y solidaridad, mayor es la energía que se genera en el colectivo.**

Esta es una verdadera "ley", que vale incluso en el campo de la realidad física. Los campos de fuerza que establecen la unión de los elementos físicos o químicos son más o menos intensos, e irradian o atraen con mayor o menor intensidad, según la cohesión o fuerza que integre al sistema. Las reacciones atómicas son más poderosas que las reacciones moleculares y químicas, porque los elementos que componen un átomo están mucho más fuertemente unidos entre sí que los componentes de una molécula o de un elemento químico.

Más que la cantidad, o sea más el tamaño del grupo en cuanto al número de sus integrantes, importa la intensidad de la fuerza que los une. Un grupo humano fuertemente cohesionado es indestructible con medios normales. Un grupo solidario, aunque reducido en número, pero cohesionado por una conciencia, voluntad y sentimientos muy fuertes, puede cambiar el mundo. Ejemplos hay muchos en la historia. Un pequeño grupo de discípulos de Jesús de Nazareth, que formaron una comunidad en que lo compartían todo, creó una religión tremendamente expansiva. Un pequeño grupo de fieles a Mahoma generó un movimiento que llegó a constituir un gran imperio, cuya decadencia estuvo marcada precisamente por la ruptura de su unidad interna. Las grandes revoluciones sociales, políticas y culturales, fueron iniciadas por pequeños grupos que comenzaron creando una conciencia, voluntad y sentimiento común, que los unía muy fuertemente.

Hay gente que dice: "una civilización superior es una utopía, una política solidaria, una economía solidaria son proyectos imposibles. Tal vez lo dicen porque no conocen el Factor C, porque no lo han experimentado con la fuerza que tiene.

Una vez que se forma un grupo solidario cohesionado y se genera la energía C, los integrantes se dan cuenta inmediatamente que las que antes les parecían dificultades insalvables ahora las puedan superar, y que son capaces de grandes realizaciones, aunque no tengan mucho dinero, ni poder, ni grandes relaciones y contactos sociales. Fue Aristóteles el primero en decir que "grandes obras pueden hacerse con pequeños medios y pocos recursos". Es porque él había conocido las fuerzas que puede desplegar el espíritu humano.

Lo hemos repetido varias veces: unión de conciencias, unión de voluntades, unión de sentimientos. Los tres elementos son igualmente necesarios, porque los tres contribuyen a la cohesión del grupo humano y los tres generan energía humana y social. Algunos creen que la solidaridad es sólo cosa del sentimiento y de las emociones; otros la entienden como algo que depende solamente de la conciencia y de los valores éticos; y otros la refieren exclusivamente a la práxis, a la voluntad de realización. Lo que hace indestructible a un grupo humano, y ciertamente viables y exitosas las iniciativas que emprendan, es la integralidad de su unión. Los tres aspectos contribuyen a la calidad del Factor C.

Todo depende, pues, de las personas y del propio grupo. De este modo se nos va clarificando poco a poco por dónde empezar. Sabemos ya que una de las primeras cosas que han de hacer quienes se propongan iniciar la creación de una nueva civilización, es formar en torno a dicho objetivo, un gruposs solidario, una o varias redes, una o varias asociaciones, una o varias comunidades fuertemente unidas.

X.

Ahora la cuestión del tamaño de la nueva civilización, que no se delimita geográficamente. Ella es descentralizada, tendencialmente universal y actualmente local.

Me propongo referirme ahora a una cuestión en cierto sentido preliminar, pero relacionada con lo que hemos examinado hasta aquí, que se presenta al plantearse dar inicio a la creación de una nueva civilización. ¿Cuáles pueden ser las dimensiones de ella? Y relacionado con éso, ¿cuál será el modo de su expansión?

Como la respuesta que tenemos para esas preguntas difiere también mucho de lo que suele pensarse cuando se habla de una civilización histórica, conviene hacer algunas referencias a las civilizaciones pasadas.

Ha habido en la historia civilizaciones que nacen itinerantes y que se desplazan por extensas áreas geográficas, expandiendo sus zonas de influencia y dominio en torno a rutas terrestres y marítimas que ellas mismas van consolidando a medida que se expanden. Un caso de este tipo fue la civilización cristiana desde sus orígenes hasta la consolidación del poder de Constantino y la formación del imperio Bizantino. Otras civilizaciones han surgido instalando su centro de operaciones en un determinado lugar (un espacio ceremonial considerado sagrado, una ciudad, una isla) donde se concentra la actividad de creación cultural y el ejercicio del poder, y desde allí irradian y crecen hasta abarcar un amplio territorio. Caso ejemplar de este tipo es la civilización islámica. Otras civilizaciones asumen unas demarcaciones territoriales predeterminadas o definidas en sus primeras fases de consolidación, de modo que sus dimensiones están geográficamente delimitadas por fronteras al interior de las cuales se protegen y defienden. Este último es el caso de la moderna civilización de los Estados y las naciones. Las varias civilizaciones precolombinas del continente americano, como igualmente las diversas civilizaciones que se han sucedido en Asia, muestran también una notable diversidad en cuanto a sus dimensiones y sus modos de expansión.

Hoy podemos pensar que – dados los modernos medios de comunicación y de transporte - sea posible una forma de establecerse y de expandirse diferente a todas las anteriores, de manera que las dimensiones geográficas de la civilización no sean relevantes, e incluso que ella no se establezca con base geográfica o territorial. Esto implicaría que deberá tener otro modo de definir quienes sean sus integrantes y pertenezcan a ella, y quienes le sean extraños o extranjeros.

Y en efecto, la nueva civilización que vislumbramos y que estamos viendo nacer no es itinerante, no tiene tampoco un carácter territorial, no dispone ni requiere un centro único o principal de operaciones, no proyecta establecerse ni encerrarse en confines geográficamente determinados. Podemos decir que en la nueva civilización se da una eliminación de las fronteras, una descentralización de las actividades e iniciativas, de modo que los espacios de su presencia se tornan móviles, cambiando según los lugares donde se encuentren las personas, los grupos y comunidades que participan en ella.

Las nuevas tecnologías y medios de comunicación permiten que las articulaciones internas de la nueva civilización se desterritorialicen, en cuanto permiten que las actividades e iniciativas se coordinen y sincronicen a distancia.

Aún así, hay que admitir que todo ocurre siempre en algún lugar del espacio y en determinados momentos del tiempo, de modo que algunas formas de localización deberá asumir; pero ellas no serán decisivas ni determinantes.

La nueva civilización cuya creación estamos iniciando tiene ya y tendrá en adelante **múltiples centros de iniciativa y operación**. Ella nace y comienza a constituirse en cada lugar donde se encuentre un individuo que accede al nivel de autonomía y desarrollo cultural, político y económico que ella exige, y en cada ámbito, localidad o espacio donde se despliegue el proceso de auto-organización y conformación de redes que los vinculen, coordinen y potencien. Cada sujeto individual y/o colectivo participa en la nueva civilización desde donde se encuentra, desde su propio lugar, y extenderá su participación en ella conforme se extiendan las redes en que se articulen las actividades culturales, económicas y políticas que sean parte de la nueva civilización.

Así, naciendo y desplegándose en cada ocasión en que se constituye un nuevo integrante (un individuo, una comunidad, una red), la nueva civilización se va –por decirlo de algún modo – densificando a medida que se multiplican sus participantes, que cada vez se encontrarán más cercanos unos de otros, y mejor comunicados entre sí.

Si tal es el modo en que se está configurando la nueva civilización, podemos afirmar que ella tiene 'vocación de universalidad', en cuanto podrá extenderse por toda la tierra, por cualquier lugar del mundo donde surjan personas y grupos creativos, autónomos y solidarios que desplieguen la nueva economía, la nueva política y la nueva cultura que la caractericen.

Pero junto con afirmar dicha 'vocación' de universalidad, o sea su carácter tendencialmente global, debemos asumir que, en la medida que ella se va creando y constituyendo por la iniciativa de individuos y de grupos inicialmente pequeños, dispersos en distintas latitudes y localidades, la nueva civilización tendrá un marcado carácter 'local', adquiriendo en los hechos las dimensiones que efectivamente vayan asumiendo las formas de auto-organización económica, política y cultural que le son propias.

La expansión de la nueva civilización desde lo local hacia lo universal será un proceso de progresiva articulación entre las organizaciones, las redes y los grupos localmente asentados, los cuales irán estableciendo entre ellos diversos, múltiples y cada vez más intensos vínculos de comunicación, de intercambio y de auto-organización, en los planos de sus actividades económicas, políticas y culturales. **La nueva civilización se presenta, así, como una comunidad de comunidades, como una red de redes, como una articulación y coordinación entre personas y grupos distribuidos en distintos lugares, que comparten modos de ser, de sentir, de pensar, de relacionarse y de actuar.**

Si es así, la tarea de cada uno de los iniciadores de la nueva civilización tiene dimensiones locales: ante todo, construir la nueva civilización en sí mismo como persona; luego, hacerlo en dimensiones familiares, locales o de pequeñas organizaciones, redes y comunidades, y en seguida ir estableciendo con otras personas, comunidades y grupos, las articulaciones que permitan comunicarse, intercambiar, aprender recíprocamente, desplegar actividades conjuntas.

De este modo, la tarea de construir una nueva civilización que podría haberse imaginado como titánica, adquiere en cambio las dimensiones propias de lo que podemos pensar como perfectamente realizable. Es una tarea, una creación y una construcción 'a escala humana'.

XI.

Donde se explica que la nueva civilización convoca a todos, y de qué modo las personas y los grupos se integran a ella.

Relacionada a la cuestión del tamaño y las dimensiones que va adquiriendo la nueva civilización, se presenta otra otra pregunta importante, que requiere ser planteada y abordada de un modo nuevo: ¿Quiénes son y a quiénes podemos reconocer como participantes del proyecto de creación de la nueva civilización? ¿Cómo se reconoce a sus integrantes, y quién les otorga la 'credencial' de miembros del proyecto? ¿Qué personas y qué sujetos sociales pueden ser y sentirse parte de la nueva civilización en construcción? ¿Existe tal vez un conjunto de principios, definiciones y adhesiones que deban suscribirse para ser reconocidos formando parte del gran proyecto civilizatorio?

La última de estas preguntas surge porque estamos habituados a pensar en los términos de la vieja política, la de los partidos y del Estado, y de las viejas organizaciones. Son preguntas típicas que se plantean y deben responder por anticipado quienes se proponen, por ejemplo, organizar un partido político o un movimiento de lucha social o que aspire a obtener cuotas de poder. Incluso los movimientos que han surgido hasta ahora con el propósito de construir una nueva política o una nueva economía, tienden a hacerlo de ese modo: establecen la sede social, definen los mecanismos de integración y asociación, formulan el manifiesto ideológico, establecen los criterios y normas de comportamiento a que deben atenerse los integrantes, producen los reglamentos que dan estructura e institucionalidad al movimiento, incluidos los procedimientos para elegir a los dirigentes, para sancionar y excluir a los inadaptados, etc.

Quienes así proceden están todavía pensando en los términos de la ya vieja civilización en crisis, y continúan organizándose y actuando conforme a dicha civilización, que requiere estructurar, guiar, controlar y disciplinar a las propias fuerzas. Lo hacen así, porque todavía no han comprendido el modo de ser y de constituirse de la nueva civilización.

La civilización nueva y superior que estamos creando convoca de otro modo, e integra y unifica conforme a sus propios modos superiores de relacionarse. En primer lugar, ella convoca a todos, significando esto que no establece categorías de sujetos privilegiados potencialmente participantes (como sería convocar a los obreros, o a los jóvenes, a las mujeres, o a los intelectuales, o a los adherentes a tal o cual religión o creencia, etc.)

La creación de una nueva civilización no convoca a integrarse a alguna forma de organización preestablecida y rígida, a un determinado proyecto ideológico predefinido por una persona o grupo iluminado particular, sino que **invita a un proceso participativo de elaboración, creación y búsqueda**

de alternativas, de definición y construcción de una identidad compartida, de articulación de un proyecto nuevo.

Pero ¿cómo puede llegarse, o esperar que se llegue a una definición de identidad y proyecto compartidos, a partir de una convocatoria socialmente tan amplia y que no predefine ni explicita contenidos previos? La razón es que, simplemente, en el curso de un proceso de auto-identificación y auto-organización como el indicado, se verificará naturalmente un doble fenómeno: de incorporación y participación de individuos, grupos, experiencias y organizaciones por un lado, y de decantación y auto-exclusión por el otro. De auto-incorporación o auto- inclusión de los que van contribuyendo a crear la cultura y las realidades políticas y económicas que la constituyen, y de auto-exclusión de los que no se interesan por ellas o no las comparten.

De este modo, en el proceso de auto-identificación de los ciudadanos de la nueva civilización se va dando una dialéctica entre dos elementos: por un lado la voluntad de pertenecer y de participar en la construcción común, y por otro lado la progresiva definición intelectual y cultural, que al irse creando y consensuando entre los participantes va delimitando su identidad.

Porque una identidad nueva y superior es al mismo tiempo factor de integración y de exclusión: están los que comparten la búsqueda, y están quienes siguen otros caminos. Pero como en este proceso no hay un elemento de poder y de autoridad jerárquica, la pertenencia y la identidad serán el resultado de las decisiones autónomas de auto-inclusión y auto-exclusión que vayan efectuando las personas, organizaciones, redes y comunidades.

De este modo, si bien la invitación a participar está abierta a todos, las exigencias que implica la integración (creatividad, autonomía, solidaridad) determinan que quienes responden de hecho a la convocatoria **sean solamente sujetos interesados realmente en un gran proyecto civilizatorio y en la creación de alternativas económicas, sociales, culturales y políticas.**

Los poderosos, los corruptos, los que se sienten conformes con el sistema, los que piensen que sus necesidades están adecuadamente satisfechas y sus aspiraciones cumplidas en el marco de la sociedad establecida, los que prefieren la dependencia a la libertad, no aceptarán integrarse en el proyecto de creación de la nueva civilización. Y de todos los que lleguen una vez, aunque sea por curiosidad, a aceptar una tal convocatoria, permanecerán en el proceso de construcción de la identidad y del gran proyecto común, quienes estén dispuestos a poner su parte, a participar activamente, a pensar y debatir junto a otros, a realizar una creación colectiva.

Se es parte de la nueva civilización y se participa de sus valores, beneficios, ambientes e instancias, en la medida en que se contribuye a crearlos. A diferencia de lo que ha ocurrido en las civilizaciones anteriores, de las que se entra a formar parte en cuanto ellas se imponen por la fuerza o en cuando se las adopta por conformismo o adhesión pasiva.

Los ciudadanos y los grupos, las redes y comunidades de la nueva civilización, aprenden fácilmente a reconocerse entre sí. No es necesario que muestren pasaporte de identidad, pues **se reconocen en el modo en que se relacionan cuando se encuentran, en el modo en que se comunican, y también en los contenidos de su comunicación.** Contenidos que no son los típicos mensajes cada vez más vacíos, pobres y alarmados que intercambian entre sí los habitantes de la civilización moderna en crisis (lugares comunes que sobre la economía, la política, los espectáculos, la vida cotidiana, etc. les han trasmitido antes los medios masivos y las instituciones del Estado), sino los resultados de su propia creatividad, sus búsquedas, sus ideas, sus obras, sus proyectos, sus aprendizajes, sus iniciativas educativas, económicas, políticas.

Pero ¿cómo se verifica el reconocimiento recíproco entre los participantes? ¿Cómo se va definiendo la identidad de la nueva civilización? Esto es muy interesante, y lo examinaremos en el próximo capítulo.

XII.

¿Cómo se reconocen entre sí los habitantes de la nueva civilización, y cómo se definen los contenidos de su identidad y su proyecto?

El reconocimiento mutuo entre los creadores de la nueva civilización, y el proceso de elaboración de sus contenidos intelectuales y morales, forman parte de una misma dinámica expansiva.

Se parte de una situación inicial en que los contenidos de la nueva civilización no están predefinidos, y que por eso el proyecto convoca prácticamente a todas las personas, iniciativas, experiencias y organizaciones sociales; pero no todas se sienten convocadas, sino solamente aquellas que tienen la voluntad de auto-incluirse en él y de participar en su proceso de definición. El comienzo del proceso de definición es, pues, el auto-reconocimiento de ser parte del proyecto, que efectúa cada uno de los sujetos que se sienten motivados a participar; pero este auto-reconocimiento debe buscar y suscitar el reconocimiento de los otros participantes, de modo que el universo de la nueva civilización se irá constituyendo mediante el reconocimiento recíproco entre todos sus integrantes.

Esto significa concretamente que cada persona, grupo, entidad y organización que se proponga participar en la nueva civilización, deberá explicitar ante los demás por qué se auto-identifica en ella, lo cual implica explicitar y precisar, primero ante sí mismo y luego ante los otros que como él se sienten igualmente convocados, cuáles son sus razones, sus motivos, sus cualidades, sus méritos para auto-reconocerse como participante de la nueva civilización, y para aspirar al reconocimiento de los otros que participan en la mismo proyecto.

Por ejemplo, una persona, una empresa, una organización, una Universidad, etc. que diga contarse entre los creadores de la nueva civilización, tendrá que dar razón de su pertenencia e identificación con ella, explicitando las ideas, las iniciativas, los proyectos que tiene y en que se encuentra participando, así como sus modos de ser en tales y cuáles aspectos, y porqué se auto-define y pretende ser reconocida por los otros como parte del gran proyecto.

De este modo, junto con irse precisando los sujetos sociales que la integran, se irán delineando los contenidos ideales, valóricos y proyectuales que definen su identidad, que serán aquellos contenidos aportados por cada integrante del proyecto.

Así, la nueva civilización se irá constituyendo y definiendo no autoritariamente, no académicamente, no siguiendo a alguien que apropiándose de la verdad establezca *a priori* "que la nueva civilización es esto o aquello, que está aquí o allá, y que forman parte de ella los que cumplan tales o cuáles requisitos", sino participativamente, desde abajo, horizontalmente, como un proceso de autoconciencia y recíproco reconocimiento y convergencia en torno a una identidad que se construye entre todos.

Ahora bien, el ritmo y la velocidad de expansión de la nueva civilización dependerá de la intensidad y profundidad que adquiera el proceso de su constitución real, lo cual depende exclusivamente de sus participantes y del valor de sus ideas, sentimientos, creaciones, obras, relaciones, experiencias. Si estas son verdaderas, bellas, atractivas, convincentes, motivadoras, la nueva civilización será verdadera, hermosa, atractiva, convincente, motivadora, y serán cada vez más los sujetos y organizaciones que se sentirán convocados a participar en ella, y a hacer méritos para auto-reconocerse y ser reconocidos como participantes de su identidad en formación y en constante renovación.

En tal sentido, es necesario avanzar, simultáneamente, en **la creación** de la nueva, autónoma, superior concepción y cultura capaz de animar la construcción de la nueva civilización, y al mismo tiempo en **su difusión**, de modo que en torno en ella se vaya aglutinando el pensamiento creativo y se articulen las voluntades de muchos que quieran participar en el proyecto.

Adelantemos algo sobre la 'difusión', un asunto que por cierto ampliaremos y profundizaremos más adelante. Voy a comenzar el tema con una idea de Antonio Gramsci, que atribuía especial importancia a las revistas. Pensaba en revistas 'de nuevo tipo', que concebía como **creadoras y organizadoras de una nueva cultura**. En su tiempo las revistas eran el gran

63

medio donde convergían las ideas y las obras que producían y difundían los creadores. Hoy disponemos de muchos y nuevos medios de comunicación y difusión. Pero lo importante es que imaginaba **una actividad intelectual y editorial muy rica y compleja, en la cual se unificaba la actividad creativa con la de comunicación.** Sostenía que las revistas debían ser –diríamos hoy – interactivas, capaces de involucrar a los lectores en la producción de los saberes y artes nuevos que llevan a cabo más sistemáticamente los creadores y organizadores del proyecto cultural. Decía, además, que es necesario que sean accesibles a distintos niveles de lectores, además de "satisfacer las necesidades culturales más amplias".

Pero lo más importante es que en ellas se una la creación con la difusión, y que creadores y lectores interactúen en el proceso de creación y de difusión. Imaginaba, además, muchas revistas, de distintos niveles, interactuando y complementándose en el proceso de creación de la nueva cultura. Mas adelante profundizaremos por qué es necesario que la creación y la difusión sean parte de una misma dinámica, y porqué ellas deben ser interactivas, de doble dirección.

Gramsci, en la cárcel, concebía e imaginaba esta gran tarea de creación y difusión cultural; pero no podía obviamente realizarla. Lo importante para nosotros, es que llegó a comprender y concebir formalmente lo que se necesita para iniciar la construcción de una nueva civilización. Es probable que comprendiera también que ello no era factible en su tiempo, pues las revistas, las casas editoriales, el periodismo, presentaban limitaciones técnicas que hacían casi imposible realizar aquello que él comprendía como algo formalmente necesario.

Gramsci no podía imaginar que la Internet y las nuevas tecnologías de la comunicación facilitarían grandemente todo aquello; pero nosotros ya lo sabemos, pues lo estamos experimentando en nuestros sitios, blogs, redes y portales culturales diversos.

Otra ventaja con que contamos actualmente, y que nos confirma que ha llegado el tiempo de la creación de la nueva civilización, es el hecho que solamente ahora es posible que la creación y la comunicación se verifiquen simultáneamente, y en forma interactiva. Antes de la creación de los actuales medios de comunicación, de la internet y de las redes, el creador o autor de una obra debía completarla entera antes de pensar en consignarla a un medio editorial, el que, después de evaluarla, podía decidir o no publicarla y ofrecerla al público. Las ideas y las creaciones demoraban mucho tiempo en difundirse y encontrar a las personas que se interesaran y motivaran por ellas, los que prácticamente no tenían modo de interactuar con el autor, y muy poco podían hacer por difundir y comunicar a otros lo que apreciaban. Sucedía, además, que muchas obras no eran publicadas y difundidas, en cuanto no fueran del agrado de los editores, o se presentaran con contenidos que pudieran parecer a éstos demasiado novedosos y riesgosos.

Todo esto ha cambiado completamente, por lo que estamos en condiciones de avanzar muy rápidamente en la creación y en la difusión de los contenidos intelectuales y culturales de la nueva civilización.

XIII.

En éste se presenta la tercera cualidad que distingue al 'tipo humano' de la nueva civilización: la creatividad.

Hemos afirmado que los creadores de una nueva civilización son personas creativas, autónomas y solidarias. De esas tres cualidades hemos examinado hasta ahora la autonomía y la solidaridad. Entremos ahora en la creatividad.

Es evidente que la creatividad es esencial si se trata, precisamente, de **crear** una nueva civilización, que implica, entre otras cosas, encontrar y elaborar respuestas nuevas a los problemas que nos afectan y que afectan al mundo, y en particular crear una nueva cultura, crear una nueva economía, crear una nueva política.

Pero hay que precisar el significado de la creatividad necesaria. La creatividad es una capacidad que, en alguna medida y al menos potencialmente, tenemos todas las personas, si bien algunas las han desarrollado ampliamente y otras en medida más reducida e incluso escasa.

La creatividad se manifiesta, por ejemplo, en formular ideas y proyectos, en plantear soluciones y propuestas originales frente a determinados problemas, en producir innovaciones en ciertos procesos o estructuras que previamente se realizaban de modos convencionales, etc. La creatividad se manifiesta en todo tipo de actividades humanas: en el trabajo, en el estudio, en la ciencia, en el arte, en la tecnología, en la producción, en la recreación y el entretenimiento, etc.

Lo importante es comprender que la creatividad puede ser desarrollada y perfeccionada por cada persona y en cada grupo humano. Desarrollarla y perfeccionarla en sí mismos y en las comunidades, organizaciones y redes, forma ya parte del proceso de creación de la nueva civilización, que han de desplegar sus iniciadores. Ahora bien, el desarrollo o la atrofia de la creatividad depende de muchos factores, entre los cuales destaca la educación, el tipo y el modo en que se realizan los procesos de enseñanza y de aprendizaje.

Y al respecto, la situación de la creatividad en la moderna civilización en crisis es gravemente deficitaria, lo que nos lleva a cuestionar las formas en que se ha organizado la escuela y el sistema educativo. Doce, quince años de aprender pasivo, sentados horas tras horas frente a profesores que trasmiten conocimientos que los alumnos deben memorizar y aprender, atrofian la creatividad de la mayoría.

En sus comienzos y en su fase de desarrollo y consolidación, la civilización moderna necesitaba y fomentaba la creatividad. Lo hacía al menos en aquella parte de la sociedad y para las personas que se esperaba que ocuparan lugares de dirección y conducción, y que eran los individuos que accedían a la libertad de pensamiento, de asociación y de iniciativa económica. Pero para la mayoría, para los dirigidos en el campo político, para los trabajadores asalariados y los consumidores en el campo económico, y en el campo cultural para todos aquellos en los que se quería inculcar las nuevas ideas, lo que se requería era una actitud de aprendizaje pasivo, de obediencia, de sumisión, de aceptación y conformismo.

Es así que la organización de la educación en esta civilización es y ha sido siempre dual: por un lado la educación de las élites, y por otro la educación de las multitudes. Una formación y un sistema educacional que son muy distintos para los dirigentes y para los dirigidos.

Actualmente, en el contexto de la crisis de la civilización moderna, se habla mucho de innovación y también de creatividad, pero se las encuadra en la búsqueda de mayor eficiencia y competitividad económica, y no se piensa en la generación de nuevas ideas políticas, de nuevos conceptos económicos, de nuevas ciencias.

La creación de una nueva civilización se basa en la expansión de la creatividad, tanto como de la autonomía y de la solidaridad. Pero así como vimos que no se trata de cualquier autonomía y de cualquier solidaridad, también la creatividad de los iniciadores de una nueva civilización debe ser especial. Pues se trata de crear un nuevo modo de vivir, una nueva economía, una nueva política y una nueva cultura. Se requiere, por decirlo así, una creatividad eminente. Es un tipo de creatividad que tiene en su base, como condición de su despliegue, una apertura, una libertad de espíritu, y una disposición para pensar todo de nuevo, para buscar respuestas nuevas a cuestiones fundamentales, pues lo que se requiere es reinventarse a sí mismos, e inventar, experimentar y desarrollar formas nuevas de vivir, de relacionarse, de actuar.

La creación y la expansión de una nueva civilización implicará, para todos los participantes, un gran desarrollo de las capacidades creativas. Para ello es necesario realizar un cambio radical en la pedagogía y en los modos de enseñanza y aprendizaje, en todos los niveles, desde la educación infantil hasta la formación superior y permanente. Por cierto, hay que aprender los conocimientos y los saberes ya adquiridos por la humanidad, y alcanzar una cierta base de conocimientos que sea común a todas las personas. Pero ya ese aprendizaje de lo conocido puede realizarse creativamente, y no constituir una pura asimilación y repetición de lo que otros han hecho con anterioridad.

Antonio Gramsci propuso un modelo educativo que puede sernos útil para pensar en un nuevo sistema educativo para la nueva civilización. Indica tres niveles o fases de formación.

La primera fase, correspondiente a la edad en que los niños se encuentran actualmente en la escuela elemental o básica, es la que llama **formación 'activa'**, la cual ha de **introducir a los niños en el**

orden social y en el orden natural mediante actividades de observación y experimentación, que deben acompañar al aprendizaje conceptual. Destaca la importancia de formar en el concepto del equilibrio entre el orden social y el orden natural, que no es un equilibrio dado sino que ha de construirse sobre el fundamento del trabajo y de la actividad teórico-práctica de los hombres. En esta fase se debiera dar paso a la comprensión del movimiento y del devenir, y a la valoración de la suma de los esfuerzos y sacrificios que ha costado el presente al pasado, y que el futuro ha de costar al presente.

La segunda fase, correspondiente a la escuela media, ha de ser una **formación 'creativa'**. Dice que el estudio y el aprendizaje de los métodos creativos en la ciencia y en la vida, debe comenzar en esta etapa de la vida, y no ser más el monopolio de la Universidad, o ser dejado al azar de la vida práctica: esta fase formativa debe ya contribuir a desarrollar el elemento de la responsabilidad autónoma de los individuos, y ser una escuela creativa. La educación creativa es la coronación de la educación activa. **En la fase creativa, sobre el fundamento alcanzado en la fase activa, se busca expandir la personalidad, que se torna autónoma y responsable, pero con una conciencia moral y social sólida. Se trata de aprender creando, y de desarrollar el método de la indagación.** "Descubrir por sí mismos una verdad -dice Gramsci- es creación, aún si la verdad es antigua, y demuestra que se posee el método; indica en todo caso que se ha entrado en la fase de madurez intelectual, en la que pueden descubrirse verdades nuevas. Por eso en esta fase, la actividad fundamental

71

se desarrollará en los seminarios, en las bibliotecas, en los laboratorios experimentales."

La siguiente es la educación superior y permanente, en que **la creatividad se vive en la interrelación entre teoría y práctica**. Dice Gramsci que las universidades y academias deben ser reorganizadas y vivificadas de la cima al fondo, poniendo a disposición de los estudiantes institutos especializados en las diferentes ramas de la investigación y del trabajo científico, en los cuales podrán colaborar y encontrar los subsidios necesarios para cada forma de actividad cultural y laboral que intenten emprender. En ellos han de establecerse vínculos de colaboración permanente entre el trabajo intelectual y el trabajo profesional externo.

Es un gran tema éste de la creatividad, que trasciende la educación, y que abarca el desarrollo y la difusión del conocimiento en todos sus aspectos y dimensiones. Lo profundizaremos.

XIV.

Donde se comienza a analizar el papel del conocimiento en la creación de una nueva civilización.

En la creación de una nueva civilización, un lugar central y decisivo lo ocupa el conocimiento: su elaboración y su comunicación. En realidad **todas las civilizaciones han sido precedidas por el surgimiento de ciertas formas cognitivas nuevas, que abrieron la conciencia de las personas, al conocimiento de dimensiones anteriormente desconocidas de la realidad, y que las orientaron hacia nuevas realidades posibles de crear y desplegar.**

La experiencia y la conciencia humanas se expanden, se abren hacia nuevos horizontes, con el surgimiento de nuevas estructuras del conocimiento y de la proyectación, las que preceden, y luego presiden, el despliegue de una nueva civilización. Podemos decir que cada civilización tiene y desarrolla su propia estructura del conocimiento y de la proyectación, o lo que podemos llamar también, su propio paradigma epistemológico.

Carlos Marx, que autodefinía su filosofía como 'materialista dialéctica', sostenía que no podía surgir una nueva formación social hasta que se desplegaran

73

todas las fuerzas productivas que cabían en su interior en base a sus determinadas relaciones sociales de producción, y que nunca aparecen nuevas y más altas relaciones de producción antes de que las condiciones materiales para su existencia hayan madurado en el seno de la sociedad antigua. Y decía que por eso la humanidad se propone únicamente los objetivos que puede alcanzar, pues ésos objetivos nuevos sólo brotan cuando ya se dan o, por lo menos, se están gestando, las condiciones materiales para su realización.

Esa afirmación de Marx – que digamos de paso que ha dado muchos problema a los marxistas porque choca con la idea que puede hacerse una revolución social sin tener que esperar que el modo capitalista agote sus capacidades de expansión productiva – nos sugiere afirmar, lejos nosotros de todo materialismo, que en realidad lo que requiere el surgimiento de una nueva civilización es que las formas del conocimiento y de la proyectación propios de la civilización anterior, hayan agotado sus capacidades de comprender y de proyectar soluciones eficaces frente a los problemas que emergen en su propia crisis, y que por eso empiezan a gestarse en el seno de la vieja civilización aquellas nuevas formas y estructuras del conocimiento capaces de comprender, de dar sentido y de proyectar la experiencia humana hacia los horizontes de una civilización superior. Diremos que. más que las 'condiciones materiales', son indispensables las 'condiciones intelectuales y culturales', las que hacen posible que la humanidad se proponga esos grandiosos objetivos nuevos.

Suele afirmarse que estamos viviendo una transición hacia la 'sociedad del conocimiento', y yo creo que efectivamente lo que está ocurriendo al nivel del conocimiento es parte de un proceso orientado a crear las condiciones para el tránsito a una nueva y superior civilización. Lo que más se repite en relación con esto de la 'sociedad del conocimiento', es que el valor y la productividad de las personas, de las empresas, de los trabajadores, de las sociedades, está dado principalmente, y cada vez más, por la capacidad que tengan de aprender, generar y desarrollar conocimientos, de difundirlos y distribuirlos, y de aplicar esos conocimientos a la solución de problemas reales y actuales, innovando, perfeccionando y transformando las actividades, procesos, estructuras y sistemas. Pienso yo que el cambio que está implicando actualmente el desarrollo del conocimiento, sus nuevas estructuras y sus inéditas formas de difusión, es mucho más profundo y más importante que todo eso.

Es efectivo que el aprendizaje, el desarrollo y la difusión de conocimientos dan lugar, en cualquier persona y en toda empresa, a un incremento de su productividad y eficiencia. Pero más allá de ello, **lo que hace el conocimiento, y especialmente las formas y estructuras nuevas del conocimiento sobre las que hablaremos más adelante, es potenciar la creatividad, la autonomía y la solidaridad de las personas y de las colectividades humanas, en todos los aspectos y en todas sus actividades**.

Las nuevas formas del conocimiento y de la proyectación que se despliegan en el proceso de creación de una nueva civilización, expanden la conciencia de las personas, las hacen crecer, las perfeccionan, las hacen 'ser' y 'valer' más, en las distintas áreas de la actividad humana. Ese conocimiento, al crecer y desplegarse en una comunidad, en una organización, en un movimiento social, en una red, las potencia, las hace más creativas, más autónomas, más solidarias.

Por todo eso, en las iniciativas y actividades tendientes a iniciar una nueva civilización; en los procesos de creación de una nueva economía, de una nueva política y de una nueva cultura, un factor decisivo del resultado y del avance que se logre será la capacidad y la aplicación que manifiesten los participantes de tales proyectos, en las actividades y procesos de aprender, desarrollar, difundir y distribuir el conocimiento, y específicamente las nuevas formas y estructuras del conocimiento correspondientes a esas actividades.

Así, por ejemplo, la expansión y el perfeccionamiento de una nueva economía dependerá, en gran medida y principalmente, del conocimiento pertinente que aprendan, difundan y apliquen las personas interesadas y comprometidas en su desarrollo. La viabilidad de un proyecto político de transformación histórica será proporcional al nivel y a la calidad de los conocimientos que en su realización desplieguen sus impulsores. Nos atrevemos incluso a postular que la economía del futuro, la política del futuro, y la civilización del futuro, serán construidas en gran medida y fundamentalmente, **desde el conocimiento**. Por consiguiente, la economía, la política y la cultura en la nueva civilización asumirán – podrán asumir - formas y contenidos diferentes y diversos, según cuáles sean las formas y contenidos del conocimiento que será desplegado, y de los modos que asuma su producción y difusión.

En realidad, el conocimiento siempre ha sido fundamental en la historia humana; pero el impacto del conocimiento y de sus formas sobre los modos de organizarse y realizarse de la economía, la política y la cultura está aumentando de manera impresionante, pues ya no hay actividad humana que no se encuentre sujeta a una enorme cantidad y variedad de conocimientos que la condicionan, y sin los cuales no pueden realizarse con éxito. Podemos afirmar que, como nunca antes en la historia, el desarrollo del conocimiento es una necesidad, y que de él depende no solamente el progreso sino la sobrevivencia misma de la sociedad.

Pero lo más importante que queremos destacar, es que el tránsito de una civilización a otra ha estado siempre precedido y presidido por el surgimiento de formas nuevas de conocer y de proyectar. El paso de la civilización medieval a la civilización moderna, fue antecedido y guiado por el surgimiento de aquellas nuevas formas del conocimiento – el empirismo, el positivismo, las ciencias sociales, las ciencias exactas de la naturaleza -, que vinieron a reemplazar al conocimiento religioso, ético y filosófico que predominaban en la civilización medieval. En particular el conocimiento de las ciencias positivas, interesadas en desentrañar el cómo de los fenómenos empíricos en vistas de instrumentalizarlos en provecho de la producción, dio lugar al impresionante desarrollo industrial y tecnológico, que hoy caracteriza toda la economía y la vida social.

Pero ¿en qué consiste exactamente esa nueva forma, y cuáles serían esas nuevas estructuras del conocimiento que nos abren a una nueva civilización? ¿Cuál es en este sentido la real novedad de la situación presente? Reflexionaremos sobre esto en el próximo capítulo.

XV.

Sobre los sujetos de la nueva estructura del conocimiento y el rol de la internet y de las nuevas tecnologías de la comunicación.

Para entrar al tema de las estructuras del conocimiento propias de una civilización superior, vamos a partir refiriéndonos a quienes son los sujetos del conocimiento, sus creadores y sus difusores, y en relación con esto, al rol que están empezando a cumplir la internet y las nuevas tecnologías de la comunicación y la información.

En la civilización medieval y en otras civilizaciones pasadas, el conocimiento que proporcionaba las certezas que los individuos requerían para orientarse en la vida, y que las sociedades necesitaban para desarrollar las actividades económicas y establecer el orden social, estaba constituido por creencias religiosas, por normas éticas, y por destrezas propias de cada oficio o actividad laboral. Dichas creencias religiosas, normativas éticas y saberes prácticos se presentaban ante todos como 'dados', incluso como sagrados, en todo caso como indiscutibles. Esos conocimientos eran trasmitidos de sacerdotes a fieles, de padres a hijos y de maestros a aprendices, constituyendo un saber aceptado por fe, por tradición y por costumbre.

Las fuentes del conocimiento estaban encriptadas, o escritas y difundidas en una lengua conocida como 'culta' (el caso del latín en Europa occidental), de modo que solamente unos pocos iniciados tenían acceso a ellas y podían generar y difundir conocimientos. Incluso los saberes prácticos propios de los oficios se reservaban para pequeños grupos 'agremiados' y organizados, que defendían el monopolio de sus competencias. La relación entre los 'cultos' y los 'simples', entre los dirigentes y los dirigidos, entre los sacerdotes y los fieles, entre los maestros y los aprendices, se establecía en base a vínculos de autoridad y de obediencia.

Estas formas del conocimiento entraron en crisis cuando los conocimientos empezaron a difundirse mediante su publicación en lenguas vernáculas o 'vulgares'. Ello desacralizó diferentes aspectos del saber, hasta que Descartes fijó el fin de esos modos del conocimiento con su famosa 'duda metódica', según la cual no podía darse por seguro ningún conocimiento adquirido por tradición. Los empiristas y el positivismo establecieron luego las bases del conocimiento emergente, cuando afirmaron que la única autoridad que podía aceptarse en el conocimiento, eran los datos empíricos sobre las realidades 'objetivas' que cada individuo pudiera verificar con los sentidos y la experiencia. Surgió y se estableció, así, la moderna civilización de las ciencias positivas, de la industria y del Estado. La Industria y el Estado en sus formas modernas, eran resultado de la aplicación de las nuevas formas del conocimiento, a la economía y la producción, a la política y al orden social.

Junto con ellas se multiplicaron los sujetos productores de conocimientos. Los científicos, los intelectuales y los ideólogos fueron puestos al servicio de la industria y del Estado, y el conocimiento y las informaciones se desarrollaron como saberes instrumentales, como herramientas útiles para establecer y hacer crecer la economía y la vida política.

Pero las ciencias y el conocimiento no se popularizaron, sino que han permanecido como patrimonio de los especialistas, que mantienen el monopolio de su saber a través de una doble 'operación'. Por un lado se ha creado un lenguaje especializado y oscuro en el que se comunican entre sí los que han adquirido su dominio a través de la formación universitaria. Por otro lado se despliega un trabajo de 'divulgación' de las ciencias y del saber, en un movimiento de 'ir al pueblo', pero trasmitiendo exclusivamente resultados simplificados y en parte distorsionados, dogmatizando contenidos que se sabe que son precarios y sujetos a discusión, y sin dar a conocer ni los métodos ni los razonamientos en que se fundamentan esos conocimientos.

En esta civilización moderna de la industria y del Estado, el conocimiento se institucionaliza y se profesionaliza, adquiriendo las características disciplinarias y burocráticas que caracterizan a toda esta civilización. La Universidad se convirtió en el instrumento de la formación de profesionales especializados, tal como eran requeridos por la civilización industrialista y estatista. Es el conocimiento puesto al servicio de la industria en todas sus ramas, y del Estado en sus variadas problemáticas.

En ese contexto, las relaciones entre dirigentes y dirigidos se basan en una combinación de criterios de competencia técnica y de control burocrático, según los cuales se distinguen los competentes que deciden y controlan los procesos, y los subordinados que ejecutan las decisiones y cumplen las instrucciones que reciben.

Lo que está comenzando a surgir actualmente es algo completamente distinto y nuevo. Los medios de comunicación, la Internet y las redes sociales están cambiado completamente la relación de los individuos con las informaciones y el conocimiento. Tres son las novedades y transformaciones más significativas.

La primera es que prácticamente todos los individuos tienen ahora la posibilidad de acceder a todo tipo de informaciones, ideas y conocimientos, provenientes de cualquier parte del mundo. Este es un cambio de enorme trascendencia. En efecto, hasta hace poco las personas no formadas en las disciplinas especializadas, adquirían su acerbo de conocimientos en base a lo que les trasmitían la propia familia, la escuela, el Estado, los partidos políticos, las iglesias y los medios de prensa masivos. Las informaciones y conocimientos que recibían estaban organizadas, estructuradas y programadas por los emisores. Ahora, en cambio, cada uno es receptor y público de todos los discursos, de todos los emisores, teniendo la posibilidad e incluso la necesidad de seleccionar por sí mismo lo que recibe y asimila.

De este modo se han expandido enormemente los espacios de libertad de cada uno, y al mismo tiempo se ha debilitado el poder que anteriormente ejercían sobre las conciencias, sobre las ideas y los modos de pensar y de sentir de las multitudes, los pocos sujetos que decidían lo que debía ser conocido y aprendido. Esto facilita la **autonomía** de los individuos.

La segunda novedad importante es que cada individuo se convierte en emisor potencial de informaciones y conocimientos. Todas las personas que hasta ahora eran solamente público, receptores pasivos de las informaciones y conocimientos elaborados por otros, tienen ahora la posibilidad de ser productores y emisores de informaciones, creadores de nuevos conocimientos, que pueden fácilmente poner en circulación. Esto favorece la **creatividad** de las personas.

La tercera novedad aportada por las nuevas tecnologías informáticas es el establecimiento de redes de comunicación, libremente formadas por las personas, y con prácticamente plena libertad tanto de entrada como de salida. Lo que está implicado en la conformación de las redes sociales, es un hecho de la máxima trascendencia, que viene a modificar y reestructurar completamente la organización social y las relaciones entre los individuos y entre los grupos. Es el hecho que cada uno está en condiciones de seleccionar y escoger con quienes se relaciona y a qué grupos y comunidades pertenece. Se transita desde una situación en que el ámbito de las relaciones sociales se encontraba determinado por la familia y el lugar en que se nace y crece, por las relaciones dadas por el barrio, la escuela, la Iglesia y el trabajo, a una situación inédita en que cada uno puede escoger libremente con quienes se conecta y comunica, a qué grupos, organizaciones y comunidades pertenece, en qué iniciativas culturales, sociales, políticas y económicas participa. Se trata, nuevamente, de una expansión inmensa de los espacios de libertad de las personas, que conlleva a su vez, la posibilidad de nuevas y más amplias formas de **solidaridad**.

Podemos afirmar, en síntesis, que con este tránsito a nuevas formas del conocimiento tenemos la oportunidad de ser más creativos, autónomos y solidarios. De auto-determinarnos en cuanto a nuestra conciencia y a nuestras relaciones sociales, así como a desplegar nuestras propias iniciativas sociales, económicas, políticas y culturales, no debiendo ya limitarnos a escoger participar o no participar en aquellas existentes.

La sociedad y la historia – la nueva civilización - pueden ser construidas desde los individuos y desde las redes y comunidades que libremente vayamos conformando, con los contenidos intelectuales y morales que pongamos en tales iniciativas.

XVI.

La participación de todas las personas y el papel de los especialistas, intelectuales y científicos, en la elaboración de las nuevas ciencias.

Se presenta ahora, todavía sobre la función que han de cumplir el conocimiento y las ciencias en la creación de una nueva civilización, una cuestión muy interesante. ¿Cómo resolver la aparente contradicción entre, por un lado la afirmación de que todos somos elaboradores de conocimientos y activos creadores de la nueva cultura, y por otro lado la afirmación de que una civilización nueva y superior requiere una cultura más avanzada y superior a la que se ha desarrollado en la civilización moderna, y unas ciencias que superen el más elevado conocimiento y las más refinadas elaboraciones hasta ahora logradas por las ciencias humanas y sociales? ¿Seremos acaso, todos filósofos y científicos, y todos del más alto nivel?

Abordar estas preguntas nos llevará a comprender y profundizar uno de los aspectos más interesantes y conspicuos de la nueva estructura del conocimiento que será propia de la nueva civilización.

En ella, todos somos productores de conocimientos, en base a nuestras experiencias personales y grupales. Todos somos formuladores de preguntas, buscadores de respuestas, analistas de la realidad, pensadores. De hecho, en alguna medida siempre los seres humanos hemos sido todo eso, y en ello no hay todavía ninguna novedad. Lo nuevo es que estas actividades cognitivas de cada persona, sean reconocidas como valiosos aportes, como contribuciones válidas que deben ser recogidas e integradas en una ciencia y en una cultura superior.

Antonio Gramsci, autor del que ya he dicho que considero precursor y en ciertos aspectos fundador de una Ciencia de la Historia y de la Política que se propone precisamente aportar a la construcción de una civilización superior, se planteó la cuestión. El afirma que el nuevo conocimiento científico de los procesos histórico-políticos no parte de alguna concepción general del mundo y de la historia, sino de la experiencia. Lo contrario, o sea partir de una filosofía dada, produciría neccsariamente una subordinación a alguna concepción anterior, lo que impediría el logro de la autonomía de la nueva ciencia. Pero ¿cuál sería esa 'experiencia' en que se base la nueva ciencia? No se trata ciertamente de los datos empíricos como son entendidos por la sociología y las demás ciencias sociales, pues esos datos son ya ordenamientos de la realidad elaborados en base a concepciones teóricas determinadas, explícitas o implícitas, a menudo estructuradas según los objetivos e intereses de los dirigentes y dominantes.

Por **experiencia** Gramsci entiende los procesos históricos concretos, 'la historia misma en su infinita variedad y multiplicidad'; experiencia que es vivida por múltiples personas y grupos, y que configura la que denomina una 'filología viviente'. No se trata de datos obtenidos en una investigación sociológica, sino de una experiencia vivida, constituida por acciones y procesos reales, de los que sus actores toman conciencia. De este modo Gramsci se opone simultáneamente tanto a una fundación de carácter especulativo, como a una fundación de carácter empirista, del conocimiento científico.

Ahora bien, esa experiencia multifacética y dispersa entre tantos individuos y grupos, requiere ser articulada, puesta en relación, interconectada de modo que permita configurar una realidad integrada, un proceso provisto de sentido. Ello se verifica en primera instancia mediante la comunicación intersubjetiva de las experiencias que cada uno ha vivenciado y experimentado. Al irse comunicando las experiencias particulares se van de este modo progresivamente integrando, llegando a conformar una cierta experiencia colectiva, en la que cada uno puede asumir en cierto modo como propia la experiencia de los demás. Es un proceso de comunicación y aprendizaje recíproco, en que las experiencias y los aprendizajes y saberes de muchos resultan compartidos.

Aquí es donde intervienen algunas personas singulares, dedicadas activamente a la tarea de sistematizar y analizar las experiencias compartidas por muchos. Es, podemos decir, el cumplimiento de una función cognitiva especializada. Una función que espontáneamente es asumida por individuos que toman especial conciencia del valor de las experiencias que han conocido, y que se proponen describirlas, organizarlas conceptualmente y comunicarlas a otros, para que sean apreciadas y valoradas por muchos.

Entre tales 'sistematizadores' y comunicadores se van estableciendo también vínculos especiales de comunicación, a través de medios que ellos mismos crean, tales como revistas, periódicos, radios, sitios webs, blogs, redes, etc. La 'filología viviente' de este modo se va configurando como un amplio saber compartido y ya sistematizado y reflexionado por un número creciente de personas intelectualmente activas y comunicadas entre sí.

Es entonces que se hace posible el surgimiento de los que podemos llamar grandes intelectuales, pensadores, científicos, creadores de las nuevas ciencias. Ellos recogen las experiencias de todos, las reflexionan y profundizan, descubren las conexiones que hay entre ellas, sus dinámicas y tendencias, hacen aparecer a la luz sus racionalidades implícitas, las lógicas de los procesos de los que las experiencias de muchos forman parte.

Surgen así las nuevas ciencias, que junto con integrar las experiencias y los saberes de muchos, habiendo develado las racionalidades anteriormente ocultas en los procesos, pueden también hacer predicciones, adelantarse al futuro, proyectando nuevas dinámicas que hacen más coherentes y potencian las experiencias prácticas que están en curso.

Más adelante examinaremos las condiciones que hacen posible el surgimiento de una ciencia nueva, y en particular, de aquellas ciencias que pueden comprender, proyectar y fundar la creación de una nueva civilización. Ateniéndonos por ahora a la cuestión planteada inicialmente, esto es, a la necesidad de articular la afirmación de que todos los individuos son potencialmente creadores de conocimientos basados en sus particulares experiencias y buscadores independientes de la verdad, y la afirmación de que una nueva civilización requiere ciencias comprensivas, autónomas y del más alto nivel alcanzado hasta ahora por el pensamiento humano, se nos plantea la pregunta de ¿cómo los creadores de esas ciencias, los intelectuales y científicos que las elaboran, pueden proponer sus formulaciones científicas como verdaderas ciencias que merecen el calificativo de tales, y que son proveedoras de conocimientos necesarios y universalmente aceptables?

Pues bien, en el contexto de la creación de una nueva civilización, intelectuales y no intelectuales, científicos y personas que ejercen otras funciones en la economía, la política y la cultura, se ponen todos en condiciones de igualdad. Lo que afirman unos no obliga ni exige ser aceptado y asumido por los otros. En la perspectiva de una civilización superior que se funda en la autonomía de las personas y de sus organizaciones, comunidades y redes, nadie puede decir a otro en qué creer, o cómo entender la realidad, y de qué modo resolver un determinado problema, en base a algún argumento de autoridad intelectual. Vale en este sentido lo que he explicado anteriormente respecto al proceso del reconocimiento entre los participantes de esta nueva civilización. Decíamos que las personas y los grupos pueden simplemente presentar sus ideas, sus opciones, sus comportamientos, sus decisiones, etc., de modo que libremente puedan reconocerse y aprender unos de otros.

Pues bien, en esa misma lógica de la autonomía de todos, esas ciencias superiores, más rigurosas, más profundas, más comprensivas, simplemente se presentan, se dan a conocer a los demás, explican sus intenciones y también su pretensión de ser reconocidas como parte de la creación de la nueva civilización superior.

Es decir, sus formuladores realizan aquello que corresponde hacer conforme a la lógica de la creación de la nueva civilización, sin imponerse, sin buscar seguidores; simplemente ofrecen sus obras como lo que son, incluidas sus aspiraciones a ser conocidas y reconocidas, y lo serán solamente en la medida en que sean útiles, en que contribuyan a conocer, a comprender y a proyectar mejor que las ciencias anteriores. Sobre todo, serán reconocidas y aceptadas en la medida que aquellas personas y grupos que han participado en la construcción de la 'filología viviente' en que se basan las elaboraciones superiores, se reconozcan en ellas, y sientan y perciban que sus experiencias han sido recogidas cabalmente, o criticadas con válidas razones.

En la nueva civilización, los trabajadores especialistas de las ciencias y del conocimiento, no actúan autoritariamente, como en cambio ocurre en las disciplinas institucionalizadas y en las ciencias positivas de la vieja inferior civilización.

XVII.

¿Qué condiciones hacen posible la creación de nuevas ciencias de la historia, la política y la economía, capaces de orientar la creación de una nueva civilización?

Hemos visto que se necesitan ciencias nuevas, y una nueva estructura del conocimiento, para iniciar la creación de una nueva civilización. La cuestión que hoy queremos abordar es la siguiente: ¿qué condiciones hacen posible, hoy, la creación de esas nuevas ciencias de la historia, de la política y de la economía, y esa nueva concepción del conocimiento, capaces de orientar la creación de una civilización nueva y superior?

Como el objetivo de estas reflexiones es responder a la pregunta sobre cómo iniciar la creación de una nueva civilización, sólo muy brevemente nos hemos detenido en la crítica de la civilización existente, cuya crisis nos es cada vez más evidente. Asumimos que, en general, la crítica ha sido ya realizada. Esto es especialmente válido respecto a la economía: la crítica del capitalismo y del industrialismo, constitutivos del pilar económico de la civilización moderna, se viene formulando desde hace mucho tiempo y ha tenido una gran difusión. La crítica de los partidos y del Estado, constitutivos del pilar político de la civilización moderna, ha sido también realizada intelectualmente y ha tenido bastante difusión, aunque es menos evidente para muchos, y no ha llegado a penetrar aún el sentido común de la mayoría. La crítica del pilar cultural y cognitivo de esa civilización es la más incipiente y menos desarrollada, habiéndose centrado en la crítica de las ideologías pero alcanzando apenas a las ciencias positivistas: la sociología, la ciencia política y administrativa, la ciencia del derecho, la ciencia económica. Estas ciencias gozan todavía de mucho prestigio. Por eso es necesario que nos detengamos en la crítica de estas estructuras cognitivas de la civilización moderna, que en realidad están experimentando una crisis tan profunda como la que afecta a la economía y a la política. En efecto, ellas **han perdido su capacidad de comprender lo que está sucediendo, y de proyectar soluciones eficaces a los problemas reales y actuales**.

Uno de los elementos constitutivos de ésas que conocemos como 'ciencias sociales', es el hecho que habiéndose constituido siguiendo el modelo de las ciencias naturales (sin ser en realidad ciencias como ellas), formulan las explicaciones de los fenómenos y procesos sociales en base a la formulación de leyes, supuestamente objetivas, que presidirían el dinamismo de la realidad histórica, de algún modo similar a como las leyes de la naturaleza permiten comprender y explicar los fenómenos físicos y químicos. Se habla en las ciencias sociales de la leyes de la historia, de las leyes de la economía, de las leyes sociológicas, de las leyes de la política.

Pero la historia humana no es un proceso natural que se desenvuelve conforme a leyes objetivas, sino que es el resultado de la actividad de los seres humanos y de los agrupamientos que ellos forman. **La historia humana es la praxis de los hombres, no está dada naturalmente sino que es construida subjetivamente, entendiendo por subjetividad la intervención activa más o menos consciente y voluntaria.** ¿Cómo, entonces, pudieron formularse 'leyes' de la historia, de la economía y de la política, que han mostrado tener alguna efectiva capacidad predictiva?

Si la historia es experiencia y práctica económica, política y cultural, serán los modos en que se desenvuelven las experiencias y prácticas de los individuos y grupos, la clave para explicarnos cómo la economía, la política y la cultura son concebidas y elaboradas en las ciencias que formulan sus estructuras y procesos. Pues bien, la praxis humana en la civilización moderna es muy diferente a la praxis que se va configurando en el proceso de creación de una civilización nueva y superior.

En la civilización moderna, los individuos y las masas de la población permanecen esencialmente pasivos, porque están subordinados y actúan conforme a las orientaciones que les imponen los pocos que determinan las estructuras y el curso de los acontecimientos. La historia la hacen los grupos dominantes, que se guían por sus intereses particulares, y que van configurando las estructuras y los procesos económicos, políticos y culturales.

Pues bien, ¿cómo surgió el concepto de regularidades y de leyes en el desarrollo histórico? Las 'leyes de la historia' surgen como generalizaciones abstractas del modo en que se realizan la economía, la política y la cultura en la civilización moderna. En ésta la inmensa mayoría de los individuos interactúa en el terreno de los intereses privados, de modo que allí no tiene lugar alguna actividad política e histórica coherente. Las actividades de los individuos y de las masas no producen ninguna actividad creadora de historia. Sus acciones se repiten según pautas aceptadas pasivamente. La generalización abstracta de esa experiencia práctica es lo que lleva a la proposición de leyes estadísticas y tendenciales, que describen y que presuntamente explicarían el desarrollo histórico.

En ese marco, desde el momento que los hechos históricos no son aquellos conscientemente queridos y perseguidos en la práctica de cada individuo ni de la masa, la historia aparece ante esos mismos individuos y masas, no como el resultado de la praxis humana concreta, sino como algo exterior a ellos, de manera que puede ser interpretada como el producto de fuerzas naturales que actuarían conforme a una lógica predeterminada, o sea que   determina los hechos históricos singulares como parte de un sistema de relaciones predeterminadas, cuyas partes estarían 'legalmente' conectadas. Pero en realidad no se trata de fuerzas 'naturales', sino de la imposición de las fuerzas de los pequeños grupos dominantes (en la economía, la política y la cultura).

Es por ello que, en las situaciones en que las grandes masas de la población permanecen esencialmente pasivas, la formulación de leyes de tendencia (de la economía, de la política, de la cultura) proporciona cierta imagen del resultado que producirá el cruce de las actividades de los hombres y grupos basados en sus intereses y planes privados. En cambio, cuando la acción creativa, autónoma y solidaria consciente saca a las multitudes de la pasividad, aquella utilidad de las leyes desaparece, en cuanto la acción individual y colectiva se orienta de modos muy distintos que las tendencias en curso. La historia comienza a ser creada por muchos, libre y conscientemente, y sus dinámicas ya no pueden ser interpretadas 'naturalistamente'.

Es lo que sucede en el proceso de creación de una civilización nueva, de una nueva economía, de una nueva política y de una nueva cultura, por acción de individuos y grupos creativos, autónomos y solidarios.

Es muy importante comprender esto, para plantearnos la posibilidad de que seamos creadores de una civilización nueva. Expresémoslo entonces de un modo más sencillo. Lo que se verificaba en la economía, la política y la cultura propias de la civilización que está terminando, no era la manifestación de leyes históricas ni de racionalidades objetivas, sino ciertas 'regularidades' y constantes en el comportamiento de los individuos y de los grupos, que en base a la gran cantidad de quienes las ejecutan y reiteran, dan lugar a tendencias estadísticamente identificables. Tales regularidades y tendencias son lo que las ciencias sociales captan y formulan como si fueran 'leyes' económicas, sociológicas, políticas, etc. Y ¿qué es lo que sostiene y funda dichas regularidades y constantes estadísticas en el comportamiento de las personas y los grupos humanos? No es difícil comprender que se trata, en realidad, de la acción consciente de las clases dominantes y de los grupos dirigentes, que imponen sus propios objetivos y su lógica particular, al conjunto de la sociedad, orientando el quehacer y el comportamiento de las multitudes. Son esas racionalidades dominantes impuestas al conjunto de la sociedad, las que se esconden bajo la concepción de que existen leyes naturales de la historia, y racionalidades universales inherentes a la economía, a la política y a la cultura. Al formular las 'leyes científicas' en el plano ideológico y 'científico', los sectores dirigentes de la sociedad en realidad están 'dictando leyes' que inducen el comportamiento conformista de las multitudes que permanecen intelectual, económica y políticamente pasivas.

Pero cuando esa economía, política y cultura entran en crisis, y las personas empiezan a abandonar los comportamientos esperados por los grupos dirigentes, esas ciencias económicas, políticas y sociales dejan de explicar y predecir el curso de los acontecimientos. Y entonces, **lo que hace posible la creación de nuevas ciencias -** elaboradas desde abajo, a partir de la experiencia inmediata de los individuos y de los grupos activos que conforman la 'filología viviente', no formuladas como un proceso natural sujeto a leyes sino capaces de reconocer la subjetividad humana y social en los procesos económicos, políticos y culturales -, **es el surgimiento de individuos activos y participativos, autónomos, creativos y solidarios, de grupos auto-organizados y auto-direccionados, que cambian la historia, que alteran las tendencias**

dominantes, que ya no se guían por los poderes establecidos, que inician la creación de una nueva civilización.

Son esas experiencias y esas 'situaciones históricas de nuevo tipo', las únicas que permiten el surgimiento de nuevas ciencias. Son las experiencias creadoras de la nueva economía, de la nueva política y de la nueva cultura, las que se teorizan y proyectan en esas ciencias nuevas.

Estas ciencias expresan las nuevas racionalidades emergentes, y las articulan con el pasado desde donde provienen, con el análisis de las crisis y de los problemas a que responden, e incluso integran y subsumen - en las ciencias nuevas - aquello que las disciplinas y los conocimientos anteriores conservan de valioso y que son también parte del presente, y que en consecuencia no deben ser desechados sino integrados críticamente en un saber superior, autónomo.

XVIII.

Donde se refiere a la estructura del conocimiento que abre a una nueva civilización, y se la compara con la estructura de las ciencias sociales de la civilización moderna.

Cuando tomamos conciencia de que la historia, y la economía, la política y la cultura, las hacemos y las guiamos nosotros mismos – y de ello tomamos conciencia real sólo cuando iniciamos prácticamente la creación de una civilización nueva y superior -, cuando nos sabemos protagonistas y actores autónomos de la historia, entonces nos es posible comprender que la ciencia de esa historia, y las ciencias de la economía, de la política y de la cultura, no pueden ser disciplinas que conciban la realidad como procesos naturales y objetivos, independientes de la conciencia, de la voluntad, de las emociones, de las éticas y de los valores propios de quienes son los creadores, protagonistas y guías de esa historia, economía, política y cultura.

La supuesta objetividad de las ciencias económica, política y social que se fundaban en un concepción positivista y naturalista de la realidad humana, se desvanece, o mejor dicho, se abandona pues se toma conciencia de que **tal supuesta objetividad era, por un lado un error teórico y filosófico, y por otro, podemos decirlo así, un ardid de las clases**

dominantes y de los sectores dirigentes, que dominaban y dirigían conscientemente la historia, la economía y la política, pero que las presentaban como 'necesidades' históricas, como procesos objetivos, como 'racionalidades' dadas, como si fueran independientes de sus propios intereses y objetivos. Para los dominados y subordinados, en cuanto experimentaban pasivamente las condiciones históricas, económicas y políticas, y no eran ni podían sentirse actores de los procesos, tal objetividad les parecía real, pues ellos mismos no conducían los procesos con su conciencia y su voluntad.

El propio marxismo, crítico de la dominación y postulador de transformaciones revolucionarias, también cae en el error de suponer una historia naturalizada, sujeta a leyes objetivas e independientes de la voluntad de los hombres. Cae en el error porque teóricamente no logra superar el horizonte teórico del positivismo y del naturalismo materialista. Y cae en el error porque no llega a concebir a los individuos humanos como hacedores de la historia, proponiendo en cambio que ellos deben simplemente sumarse a fuerzas supuestas todavía como objetivas, parteras de la historia, que actuarían conforme a dichas leyes objetivas, a aquella necesidad histórica. Esto incluso es teorizado en la idea de que la libertad no es sino la conciencia de la necesidad, esto es, actuar conforme a un supuesto dinamismo objetivo inherente a la historia, e independiente de la conciencia y de la voluntad, de las decisiones y de las opciones que puedan realizar los individuos y los grupos.

Pero los iniciadores de una nueva civilización superior, liberados de la subordinación a los poderes e instituciones de la civilización en crisis, conquistada la propia autonomía en base a la cual cada uno es guía de sí mismo y creador de cultura, de economía y de política, estamos en condiciones de superar el naturalismo y el positivismo en el conocimiento. Para los creadores de cultura, que la construyen consciente y libremente, las ciencias y las artes y la cultura toda, ya no son mera superestructura determinada por estructuras supuestamente objetivas, necesarias y que proceden conforme a leyes ineluctables.

Entonces, abandonamos la idea de ciencia sociales objetivas, pues descubrimos que **toda la realidad histórica y social es realidad subjetiva, esto es, elaborada, construida, guiada y coordinada por personas y grupos humanos. Personas y grupos que las crean, y que al crearlas ponen en ella, en la realidad que construyen, su propia subjetividad, sus valores, sus éticas, sus objetivos, sus ideales, y también sus engaños, sus maldades, sus contravalores. Todo eso es parte de la realidad, y por tanto, todo eso debe ser comprendido por la ciencia, y llegar a ser parte de la explicación de los procesos históricos.**

Por eso, la predicción científica ya no es una mera predicción de lo que ocurrirá si los comportamientos humanos continúan siendo automáticos y regulares, guiados por los objetivos y por la racionalidad dominante, o sea una simple proyección de las tendencias en curso. La predicción será en cambio el enunciado de los resultados que se espera y que se sabe que ocurrirán como efecto de la acción de todos los constructores de las realidades nuevas, económicas, políticas y culturales.

Sintetizando, podemos concluir que la nueva estructura del conocimiento y las nuevas ciencias que empiezan a constituir el pilar cultural y cognitivo de la nueva civilización, presentan las más profundas diferencias respecto de las ciencias sociales, políticas y económicas de la vieja sociedad moderna.

Mientras las ciencias sociales modernas eran elaboradas por pocos 'cientistas', las ciencias creadoras de la nueva civilización son elaboradas por todos, participando en distintos modos y niveles de especialización, pero siendo todos los que validan los conocimientos que les sean propuestos.

Mientras las ciencias sociales modernas eran ciencias institucionalizadas y burocráticas, que procedían a conocer mediante la aplicación mecánica de métodos y técnicas formalizadas, las nuevas ciencias son conocimientos vivos, que se elaboran y proceden mediante el diálogo y la comunicación intersubjetiva entre todos los sujetos activos, creadores de la historia y constructores de la economía, la política y la cultura.

Mientras las ciencias sociales modernas procesaban 'datos' e 'informaciones' recolectadas mediante procedimientos técnicos que garantizaban que de sus análisis podrían extraerse las validaciones esperadas de las hipótesis formuladas en base a la propia teoría preconstituída, las nuevas ciencia proceden a través de

102

la experiencia multifacética configurada como una 'filología viviente' en la que todos participan.

Mientras las ciencias sociales modernas se centran en la **cuantificación** de la realidad, privilegiando las dimensiones mensurables y aquellas que pueden ser procesadas matemática y estadísticamente, las nuevas ciencias se centran en la **comprensión** de la realidad y de sus procesos, prestando especial atención a los aspectos cualitativos, y especialmente a las novedades históricas.

Las ciencias sociales modernas buscan en el pasado las causas del presente, mientras las nuevas ciencia explican los hechos y procesos por sus actores, de modo que explican el futuro por el presente.

Mientras las ciencias sociales modernas tratan de ocultar la subjetividad tanto del 'objeto' que estudian como del sujeto cognoscente, para que no interfiera en la dinámica de lo real por conocer, las nuevas ciencias ponen de manifiesto la subjetividad, precisamente con la intención de intervenir en la historia, de construirla consciente y libremente.

Mientras las ciencias sociales modernas tratan de considerar los hechos sociales como cosas, separando cuidadosamente los juicios sobre hechos de los juicios de valor y de las apreciaciones éticas, las nuevas ciencias incorporan los valores y la ética en el conocimiento, sea en cuanto se las reconoce presentes y activas en la realidad histórica, sea con la intención de proyectar realidades nuevas, superiores a las de la civilización en crisis.

103

Mientras las ciencias sociales modernas fundan, como resultado de todo lo anterior, la pasividad histórica de las multitudes, y sirven al control de las masas y de los procesos para que no se desvíen de las racionalidades imperantes y dominantes, las nuevas ciencias pretenden la activación de todos, en orden a la liberación de las energías conscientes y libres de las personas, y potenciando las racionalidades emergentes de las que son portadores los creadores de las nuevas economía, política y cultura.

XIX.

Aquí comenzamos a pensar en la nueva política: una nueva estructura de la acción organizadora de la comunidad y transformadora de la vida social.

Comencemos ahora a reflexionar sobre la 'nueva política', una política que debiera ser superior a la actual que conocemos, para que pueda caracterizar a la nueva civilización que nos hemos propuesto crear.

Ya nos referimos a la crisis que está experimentando desde hace tiempo el pilar político de la civilización moderna, una política que se ha desarrollado en base a la organización de partidos, que tienen un modo singular de relacionarse con las que llaman las 'bases' sociales, y de intervenir en las dinámicas del Estado.

Para comprender correctamente la cuestión que abordaremos, es preciso tomar distancias tanto del concepto como de las prácticas de la política tal como las conocemos, y partir de un concepto general de 'política', que concebiremos como **la estructura de la acción organizadora del orden social y que es al mismo tiempo dinamizadora de los procesos históricos.**

Con este concepto de 'política', entenderemos como **'nueva política' una cierta estructura de la acción organizadora de la comunidad y transformadora**

de la vida social, y específicamente aquella actividad que, a partir de la realidad presente, dé inicio la creación de un nuevo orden social e institucional, propio de una nueva y superior civilización.

Podríamos también concebir la nueva política, como **el conjunto de las actividades teóricas y prácticas con que pueda resolverse la actual crisis orgánica de las sociedades modernas, mediante la creación de una nueva civilización.**

Partimos de la afirmación de que la forma partidista de la política ha entrado definitivamente en crisis, y esto es parte sustancial de la crisis de la organización estatal en la civilización moderna. Si es así, es obvio que la superación histórica de esta crisis no puede realizarse por medio de la política y de los partidos tal como los hemos conocido, siendo necesario elaborar y experimentar un nuevo conjunto de actividades transformadoras, capaz de iniciar el tránsito hacia una nueva civilización. En otras palabras, es necesario elaborar un nuevo 'paradigma de política'.

Cuando hablamos de un 'nuevo **paradigma** de política', nos referimos a una **concepción teórica** de la acción transformadora y organizadora del orden social; una concepción teórica que sea expresión de la racionalidad propia de las **prácticas y** de las acciones transformadoras que empiezan a manifestarse en los procesos de creación de una civilización superior, y que a la vez sea capaz de impulsar, potenciar y llevar dichos procesos y acciones a niveles de mayor coherencia y eficacia.

106

A esa nueva concepción teórica la hemos denominado - adoptando una expresión de Antonio Gramsci - 'ciencia de la historia y de la política'. Pasquale Misuraca y yo en el Libro Segundo de la obra *La Travesía*, afirmamos sobre dicha ciencia, que "no se trata de desarrollar una ciencia nueva sobre la política existente, ni de desplegar una política nueva en base a la ciencia política existente, sino de edificar conjuntamente una nueva estructura cognoscitiva y una nueva estructura de la acción transformadora, en una relación original entre ellas".

Me propongo ahora y en los capítulos siguientes, presentar algunos elementos que connotarían a esta nueva estructura de la acción transformadora, que nos han ido apareciendo en la elaboración teórica a medida que analizamos las experiencias prácticas de una emergente 'nueva política', y que nos parecen coherentes con la propuesta del tránsito hacia una nueva civilización que queremos que sea creativa, autónoma y solidaria.

Un primer elemento de la nueva estructura de la acción transformadora, que la distinguiría netamente de la política propia de la civilización moderna, consiste en que **la política deja de plantearse como objetivo la conquista del poder y el control del Estado**, y ni siquiera busca alguna acumulación de poder político para ejercerlo sobre una clase social, sobre un agrupamiento de masas, o sobre el conjunto de la sociedad.

Por el contrario, **la nueva política se orienta hacia la diseminación social del poder político, o sea, hacia el empoderamiento de las personas y de las comunidades y grupos que actúan desde la sociedad civil**.

Que cada persona y cada comunidad, organización o red social, recupere el control de sus decisiones y de sus condiciones de vida, implicando con ello, también, que no aspiran a ejercer poder sobre otras personas y otros grupos, sino que buscan que cada uno sea guía de sí mismo, y tenga tanto poder como el que necesita para dirigirse consciente y libremente a sí mismo.

El concepto del empoderamiento de las personas y de las organizaciones de la sociedad civil, implicando un proceso de diseminación social del poder, se vincula directamente a la **demanda de participación** que surge prácticamente en todas las iniciativas y búsquedas orientadas a realizar cambios sociales. Las personas creativas, autónomas y solidarias quieren participar como protagonistas en las organizaciones de que forman parte, y en las diversas instancias de la vida económica, social, política y cultural, y en todo lugar donde se toman decisiones importantes que afectan sus vidas. Se quiere superar el sentir tan común de formar parte de grandes sistemas, estructuras y organizaciones, en las que se cumple un rol o una función determinada, pero donde no se tiene influencia sobre sus objetivos, su funcionamiento y su marcha global.

Pero no cualquier demanda y forma de participación social es expresión de la nueva estructura de la acción transformadora. Así, por ejemplo, dada la enorme concentración del poder que en las sociedades modernas han llegado a centralizar el Estado y sus partidos, y cuando aún no se toma cabal conciencia de las implicaciones que tiene el asumir la responsabilidad de las propias decisiones, a menudo las búsquedas de participación dan lugar a acciones de masas inorgánicas, tendientes a presionar a quienes detentan el poder político, para que sean éstos los que decidan y realicen lo que quieren lograr los grupos de presión. Pero ese modo de canalizar la participación social es parte de la política moderna en crisis, y conserva   la estricta separación entre quienes tienen el poder y quienes sólo pueden protestar y presionar. Es una forma de acción social que se ha dado a lo largo de toda la historia de la civilización moderna, y que ha logrado muy pocos resultados de transformación efectiva.

Pero no es sólo por la ineficacia de dicha forma de participación política que no corresponde a la nueva estructura de la acción transformadora. Frente al poder, crear un contra-poder que lo contraste, es el modo de hacer política propio de la civilización moderna, que pone en el poder, concentrado fuertemente en el Estado, la clave de la construcción y mantención del ordenamiento social.

Creando poder social y político opuesto al poder dominante, no se construye una civilización de personas, comunidades, organizaciones y redes autónomas, solidarias y creativas. Porque el ejercicio del poder, al modo de la política moderna, implica relacionar a las personas y organizaciones de manera que algunos pocos estén en condiciones de hacer que otros muchos cumplan con las decisiones que emanan de la voluntad de quienes detentan el poder. Éste se configura como una relación de dominio y de subordinación, según la cual unos mandan y otros obedecen, unos dirigen y otros los siguen disciplinadamente. Se mantiene de ese modo la situación jerárquica, vertical, que distingue y separa a los integrantes de la sociedad, en dirigentes y dirigidos.

La creciente conciencia de esto como un problema estructural de la política moderna nos lleva a modificar la perspectiva en que se busca la participación: más que como un camino de lucha por acceder al poder central, se trata de un esfuerzo por la **descentralización** y la **diseminación social del poder**.

En esta dirección se observan procesos que tienden a la regionalización y al reforzamiento de los llamados "poderes locales", donde los ciudadanos encuentran posibilidades de participación directa. Una participación que se basa en la autonomía, que fomenta la creatividad, y que crea vínculos de solidaridad.

Estamos tan inmersos en la civilización moderna, tan habituados a sus conceptos y a sus modos de relacionamiento, que nos cuesta pensar en una civilización distinta, en que el orden social no se constituya en base al poder que unos ejercen sobre otros. Pero el hecho es que ése modo de ordenamiento social está en crisis, y cada vez son más las personas y los grupos que no aceptan ser comandadas por otros, pues aspiran a autodirigirse y a controlar sus propias condiciones de vida.

La reflexión sobre la nueva estructura de la acción organizadora y creadora de una civilización la estamos recién comenzando. La ampliaremos en el próximo capítulo.

XX.

Sobre la 'forma unificante' de la nueva civilización, o cómo se genera unidad e integración social en torno al proyecto de su creación.

Cuando se habla de empoderamiento de las personas y de grupos autodirigidos, de la diseminación social del poder y de descentralización de las decisiones - conceptos propios de un nuevo paradigma de política -, es probable que muchos lo asocien a la anarquía, y ésta al desorden y al caos. En realidad, la ausencia de un poder centralizado y de grupos dirigentes que a través de una mezcla de actividades de dominio y de consenso garanticen el orden social, pudiera llevar a una situación seriamente desordenada y caótica, si implicase que cada individuo y cada grupo se guíe y actúe sólo conforme a sus propios intereses y deseos particulares. Dicho de otro modo, individuos configurados según el modo de la civilización moderna, o sea individualistas y competitivos, consumistas y educados para la subordinación, inmersos en una economía capitalista y en un mercado altamente concentrado, en ausencia de un Estado y de un orden político que los organice y discipline, seguramente darían lugar a un estado de cosas que estaría muy lejos de considerarse un orden social, y aún más lejos de generar una nueva y superior civilización.

Distinto es si se trata de individuos y de grupos creativos, autónomos y solidarios, en el sentido en que hemos concebido estas tres cualidades fundantes de una nueva civilización. Pero también en este caso, llegar a la integración social y a un orden político superior, implica desplegar - como parte de la nueva estructura de la acción transformadora – procesos socialmente organizadores e integradores.

La nueva estructura de la acción transformadora ha de crear y desplegar sus propios modos de generar unidad e integración social. Nos acercamos, así, a identificar un segundo elemento de la nueva política.

En efecto, toda civilización requiere algo que la unifique y que integre a sus componentes, o sea a las personas, comunidades, sociedades, países, etc. que la forman. Los estudios de las civilizaciones indican que, junto a un determinado 'tipo humano' que las caracteriza, las civilizaciones siempre han tenido una **'forma unificante'**, que en las civilizaciones pasadas pudieron ser un Imperio, una Iglesia, una religión, y que en las civilizaciones modernas son los Estados nacionales.

Hasta ahora, la 'forma unificante' de las civilizaciones se ha impuesto a sus integrantes a través de una combinación de dos factores o fuerzas integradoras: por un lado la fuerza, el dominio o la dominación ejercida militarmente o burocráticamente por quienes detentan el poder, y por otro lado el consenso o el conformismo de los integrantes subordinados, respecto a una cierta concepción del mundo, a una filosofía, a unas creencias religiosas, a una ideología política o a una doctrina moral.

113

Pero ya vimos que en el proyecto de una civilización superior basada en la creatividad, la autonomía y la solidaridad de sus integrantes, no son adecuadas ni la fuerza que impone y disciplina en torno a un centro de poder, ni una doctrina o ideología predefinida que suscite la mera adhesión, el consenso o el conformismo de quienes se subordinan como 'dirigidos' a grupos que se autoproclaman 'dirigentes'. **Es necesario, entonces, construir la unidad de otro modo, y desarrollar una manera distinta de integrar a los componentes en torno a una nueva 'forma unificante'.**

Como medio para la creación de la nueva unidad cultural, Antonio Gramsci postula la necesidad de "un centro cultural homogéneo", que a través de un trabajo educativo-formativo, elabore y promueva una conciencia colectiva, sobre una determinada base histórico-social que contenga las premisas concretas de tal elaboración. Agrega que dicho centro no puede limitarse al simple enunciado teórico de principios 'claros', lo cual constituiría un error iluminista, una pura acción propia 'de filósofos' típicos del Setecientos. Trabajando sobre esa idea, Pasquale Misuraca y yo postulamos en el libro *La Travesía,* que "es necesario un centro de producción, ordenamiento y difusión de actividades teóricas y prácticas portadoras de la nueva racionalidad histórica, que actúe como punto de encuentro y de síntesis de multiformes iniciativas y experiencias; un centro de intervención coherente sobre todas las diferentes actividades, instituciones, organizaciones, sujetos y fuerzas económicas, sociales, políticas y culturales existentes, para renovarlas desde dentro y reorientarlas en una perspectiva común."

114

En realidad, más que **un centro** de elaboración y difusión, lo que se necesita son **múltiples centros conectados en red y articulados entre sí**, pues así lo requiere la tarea de recoger e integrar tantas experiencias, ideas e iniciativas diversas y dispersas, y actuar junto a tantos sujetos activos diseminados por todo el mundo.

Pero esto es solamente un instrumento o un medio para la unificación e integración. Lo importante es concebir y actuar creativamente la unidad, guiados por la idea central de que **la unificación se da en la convergencia hacia un proyecto común, que no sería otro que la de crear la nueva civilización**.

Convergencia desde la diversidad, aproximación a un lugar compartido desde variados puntos de partida y siguiendo múltiples caminos. Caminos que parten de situaciones distintas, singulares; pero que conducen hacia un espacio de encuentro, que es el proyecto de la nueva civilización. Proyecto que -como ya vimos- recoge la diversidad de motivaciones, voluntades, experiencias y concepciones que van elaborando autónoma y solidariamente los creadores de la nueva civilización.

De este modo queda reconocida, en la unidad que se va construyendo, la infinita riqueza de la diversidad de los que, al converger, aportan cada uno lo suyo, que será reconocido por los otros en cuanto sean elementos que enriquezcan el proyecto común.

Lo que hace el centro o los centros de elaboración y difusión unificadores, es un trabajo específicamente intelectual, de elaboración comprensiva, integradora; y con ello realizado, devuelven a cada participante y aportante la visión del conjunto, en la que quedan reconocidos, integrados y valorados los aportes de todos.

Ese centro, o esa red de centros de elaboración y comunicación, no se constituye como un poder que centraliza y disciplina burocrática ni autoritariamente, sino que es un centro o una red de centros que construyen la unidad mediante la elaboración de síntesis integradoras y comprensivas. Síntesis de múltiples elaboraciones. Centros unificantes, que elaboran y difunden, que recogen y devuelven.

Ello supone trabajar esas elaboraciones y esas síntesis de cara a todos, en público, mostrando la elaboración de la síntesis en cuanto conectada a los aportes recibidos. Se elabora la 'forma unificante' de la nueva civilización, no mediante el poder sino a través de la elaboración comprensiva del mismo proyecto de creación de la nueva civilización. **La 'forma unificante' de la nueva civilización, no es otra cosa que su proyecto.** Se trata de crear una forma unificante no burocrática, que no unifique por el dominio y el conformismo, sino que unifica por la integración cultural de muchos que participan en la elaboración del proyecto de la Nueva Civilización. Es el proyecto el que unifica.

En la construcción de un proyecto común, todos vamos desplegando y desarrollando nuestra autonomía y nuestra creatividad, y al hacerlo nos hacemos solidarios,

116

según el concepto de solidaridad que expresamos anteriormente, que viene del vocablo latino 'solidus', y que concebimos como una comunidad o colectivo humano **unificado** por razones fundamentales y verdaderas, por valores compartidos.

XXI.

Sobre la primacía de la sociedad civil en la nueva política, que no es 'partidista' sino integradora de la diversidad.

Nos preguntamos ahora si hay alguna actividad, o alguna dimensión de la vida social, que podamos considerar como central de la nueva estructura de la acción transformadora, y que en consecuencia se constituya como determinante en el proceso de creación de la nueva civilización.

En la civilización moderna ha sido afirmado con fuerza, por parte de la mayoría de los intelectuales y de las organizaciones que han tenido la intención de transformar la sociedad, que el primado corresponde a la política, que sería la actividad central . Es por ello que se ha sostenido que todo cambio societal debe comenzar desde el Estado, que ha de ser primeramente 'conquistado' por los sujetos políticos portadores del proyecto transformador.

De acuerdo a lo que hemos expuesto anteriormente, **en la nueva civilización la primacía o centralidad no debiera radicar en la política, sino en la cultura y en el conocimiento, que por su capacidad de fijar objetivos al desarrollo histórico y de dar sentido a la vida humana, tendrán la capacidad de orientar y dirigir – no autoritaria ni burocráticamente - tanto los procesos sociales como los procesos económicos y políticos.** La economía y la política se orientarían

118

conforme a los objetivos del desarrollo humano establecidos en el ámbito de la cultura y del saber compartidos.

Esto hace de la **sociedad civil** el lugar preferente para la acción integradora y transformadora, o sea para la nueva política, a diferencia de lo que ocurre en la civilización moderna, en que la política se desenvuelve preferentemente al nivel de la sociedad política y del Estado.

Esta afirmación, sin embargo, debe considerarse como una afirmación provisoria e imprecisa, pues la distinción entre sociedad civil y sociedad política responde a una separación entre dos esferas - la del poder público por un lado, y la de las actividades privadas, asociativas y no-gubernamentales por el otro; la de los dirigentes en lo alto y la de los dirigidos en la base -, una separación que corresponde y que ocurre realmente en la civilización moderna, pero que no debiera reproducirse en una civilización nueva y superior.

Pero la afirmación de la primacía de la sociedad civil tiene sentido en la actualidad, o sea mientras la sociedad civil y la sociedad política se encuentren separadas. Es por eso que, puesto que se parte de la realidad actual para transformarla, la nueva política empieza a construirse desde la sociedad civil existente, y a través de su propio desenvolvimiento y despliegue **va configurando la nueva política en el seno de la sociedad civil. Así, construida la nueva política al interior de la sociedad civil,** en la futura civilización una vez constituida, la distinción entre sociedad civil y sociedad política ya no será una distinción entre

119

realidades diferentes, sino una distinción meramente gnoseológica. Dicho más concretamente, **en la nueva civilización no debiera constituirse una 'clase política' distinta y separada de la sociedad civil.**

No se concentra la acción transformadora en el Estado ni en el gobierno, no se acepta ya la primacía de la política, la acción transformadora se desplaza desde la sociedad política hacia la sociedad civil. La razón de tal desplazamiento es que el nuevo sistema de acción transformadora está orientado a superar la civilización de la política, de los partidos y del Estado, a superar la distinción entre dirigentes y dirigidos. Si en cambio definiéramos la acción transformadora en el marco de la sociedad política, nos quedaríamos dentro de la política propia de la civilización moderna y de su orden social en crisis.

Una obvia consecuencia de lo que estamos afirmando, es que en la nueva política no se trata de crear uno o varios nuevos partidos políticos. La entidad 'partido político' es propia de la civilización moderna: su primera figura histórica fue el partido jacobino, y su naturaleza es incompatible con la nueva civilización que deseamos crear.

Hay varias razones de esta incompatibilidad; pero la principal es el hecho que, por definición, un partido político es la organización de un grupo particular, que al agruparse se separa e intenta ponerse por encima de la comunidad con la intención de dirigirla. Provisto de una deteminada ideología o doctrina, y representando los intereses particulares de un sector de la sociedad, el partido se crea con vocación de poder, teniendo

120

explícita o implícitamente la intención de promover esa ideología o doctrina y esos intereses sectoriales, utilizando para ello el control total o parcial del gobierno del Estado. Y como los grupos que aspiran a lo mismo son varios, cada uno aspirando a representar a una parte de la sociedad y promoviendo una ideología o doctrina particular, la sociedad tiende a dividirse políticamente, a 'partirse' precisamente. Por ésta su naturaleza propia, los partidos políticos luchan entre sí, disputándose el favor ciudadano y el poder del Estado; en consecuencia, los partidos políticos generan división y conflicto en la sociedad. Hay partidos que declaran explícitamente este modo de ser, y otros que lo pueden negar; pero así es y así actúa un partido político en la sociedad actual.

Por su propia naturaleza los partidos políticos afirman y actúan la 'centralidad de la política'. La centralidad de la 'sociedad civil' de que hablamos, comporta un modo de organizar la vida social y de realizar la transformación histórica de manera muy distinta. La centralidad de la 'sociedad civil' significa ante todo, que la nueva política se construye 'desde abajo', desde lo que actualmente se encuentra subordinado: desde lo que los partidos suelen llamar la 'base social'. Es superando esa subordinación, que las personas y sus comunidades, organizaciones y redes, despliegan sus propias actividades de ordenamiento y de transformación social. No lo hacen desde poderes concentrados que se hayan elevado por encima de la comunidad y en los cuales no participan. **El orden político se configura, en tal sentido, como una comunidad de comunidades, como una organización de organizaciones, como una red de redes.**

121

Procediendo de este modo, la 'sociedad civil' se va constituyendo progresivamente como 'sociedad política'; se va desarrollando una sociedad civil que es activa políticamente; y una sociedad política que no estará ya separada de la sociedad civil, pues es en la misma sociedad civil donde se configura y establece el orden social necesario para el desarrollo, la transformación y el perfeccionamiento de la vida humana.

La nueva política no es 'partidista' sino integradora de la diversidad, y no es la expresión de las singularidades de grupos humanos diferenciados según sus convicciones ideológicas y sus intereses corporativos, o de clases o grupos sociales. Pero entonces surgen dos preguntas: ¿Qué hace la nueva política con las distintas ideas y los diferentes puntos de vista de las personas y de los grupos sociales? Y ¿qué hace la nueva política con los diferentes intereses particulares, de grupos y de sectores sociales?

Abordaremos estas preguntas en el próximo capítulo.

XXII.

Sobre cómo en la nueva política se accede a la universalidad a partir de las diferentes ideas y los distintos intereses particulares.

Examinemos ahora una cuestión importante que dejamos planteada al final del capítulo anterior, y de cuya respuesta dependen aspectos fundamentales de la nueva civilización.

Reflexionando sobre la 'forma' que pudiera unificar a la sociedad en la nueva civilización, y afirmando la centralidad que en ella han de ocupar las actividades culturales y cognoscitivas que se realizan desde la sociedad civil, decíamos que la nueva política no es 'partidista' sino integradora de la diversidad; no -como ocurre en la política actual- expresión de las singularidades de grupos humanos en conflicto en base a sus distintas convicciones ideológicas y a sus intereses corporativos, o de clases o grupos sociales.

Ahora bien, esta concepción de la nueva política plantea dos interrogantes cruciales: ¿Qué hace la nueva política con las distintas ideas y los diferentes puntos de vista de las personas y de los grupos sociales? Y ¿qué hace con los diferentes intereses particulares, de grupos y de clases o sectores sociales?

A estos interrogantes podemos dar una primera respuesta, afirmando que **la nueva política se esfuerza sistemáticamente por recoger de cada punto de vista**

ideológico, doctrinario o teórico, aquello de verdadero y constructivo que contenga, integrando los distintos enfoques en una visión comprensiva de todos ellos. Del mismo modo, la nueva política se propone reconocer lo que sea justo, legítimo y pertinente de los intereses expuestos por cada grupo o categoría social particular, buscando articularlos a todos en una perspectiva de bien común o universal.

Pero si éstas son las respuestas fáciles a los interrogantes planteados, lo difícil aparece cuando nos preguntamos cómo ello se realiza concretamente, quiénes pueden hacerlo, y a través de qué procesos específicos.

Al respecto, lo primero que podemos afirmar es que no es mediante la composición de fuerzas en el Estado - como se supone que ocurre en las democracias de la civilización moderna - que se ha de buscar la articulación de los intereses y de las ideologías. La experiencia histórica demuestra que en el Estado moderno la integración social y cultural se logra muy precariamente, pues habitualmente se manifiesta en el Estado el predominio de un grupo particular, de un partido o alianza de partidos, y de una ideología determinada.

En la nueva política, el proceso de integración cultural es propuesto a cada sujeto, pues la nueva política se realiza partiendo siempre de las personas, que como hemos visto , son los sujetos primeros de la nueva civilización. El sujeto de las ideas políticas y de los intereses políticos es siempre, en primera instancia la

124

persona, y luego las comunidades, organizaciones y redes que ellas crean.

Pero el proyecto de la nueva civilización implica acceder a un punto vista universal. Universal, en el sentido que exprese una conciencia humana universal, y el interés y el bien de la sociedad entera. Pero no en el sentido de alguna concepción genérica y abstracta que se exprese a través de 'principios' y de valores formulados abstractamente, a los que todos pueden adherir de palabra pero no asumir realmente en lo que implican, sino en la forma y con los contenidos de una concepción y de un proyecto político que pueda ser asumido teórica y prácticamente por todas las personas y por todos los grupos que constituyen la nueva civilización.

La tarea específica de la nueva política consistirá, entonces, en pasar progresivamente desde la posición individual y particular de cada persona y de cada grupo, a una posición universal. Ello supone un proceso de progresiva ampliación de la perspectiva, que por etapas, va superando límites personales y grupales, creando circuitos que cada vez serán más amplios, hasta abarcar a la sociedad entera, hasta acceder a la universalidad.

El camino que lleva desde lo particular a lo universal es realizado por cada persona, por cada grupo y por cada sujeto político. Implica un proceso de expansión de la conciencia de cada sujeto, individuo o grupo. Y como el punto de partida es siempre e inevitablemente distinto, pues corresponde a la experiencia y a las ideas, objetivos e

125

intereses de cada persona y de cada grupo particular, habrá tantos caminos hacia lo universal como individuos y grupos realicen la búsqueda, el tránsito hacia lo universal.

Ahora bien, sería totalmente ilusorio pensar que el paso se pueda dar directamente desde lo individual a lo universal, como un solo gran salto. Son necesarias las **articulaciones intermedias**, en un proceso de construcción que asciende desde las personas hacia la sociedad general, pasando por las instancias locales y regionales, por las organizaciones particulares y las agrupaciones sectoriales.

Esto supone que las personas y los grupos se van relacionando, dialogan y se articulan solidariamente, de modo que el proceso adquiere dimensiones intersubjetivas de dimensiones cada vez mayores; pero aún más importante, cada vez más ricas de contenidos, pues las experiencias y los aprendizajes de unos se comparten y enriquecen con las experiencias y aprendizajes de los otros. De este modo se va configurando una política integradora, unificadora de la sociedad, orientada realmente al bien general de la humanidad.

Es importante precisar que acceder al punto de vista universal tanto en el campo de las ideas como de los intereses, supone por definición, asumir como propios los recorridos intelectuales y los intereses legítimos de las personas y grupos con quienes nos comunicamos y nos encontramos en la práctica. Pero tal asunción de lo que los otros proponen, no puede realizarse de modo ecléctico, como simple sumatoria, pues ello implicaría sólo dispersión e incoherencia.

'Hacer propios' los puntos de vista de los otros implica integrarlos al propio recorrido conceptual y a la propia experiencia práctica. Ello no puede lograrse sino a través de un proceso de crítica, en el sentido de someter al propio análisis lo que inicialmente es ajeno, rescatando de aquello sólo lo que pueda integrarse coherentemente con la propia elaboración. Pero, si partimos de la necesidad de la universalidad, la crítica no puede quedarse en la negación de lo ajeno, sino que debe conducir a su integración crítica. Esto implicará siempre e inevitablemente, una superación del propio punto de vista anterior, un acceder a un punto de vista nuevo y superior, superior tanto respecto al propio anterior como al ajeno.

Así, **se accede a la autonomía en la política, que será más autónoma en la medida exacta en que sea más universal**. Pues si uno no se amplía y universaliza, será absorbido por otro, y será ese otro el que guiará el proceso político. Los políticos más grandes serán los que más hayan avanzado por este camino de universalización, y serán grandes y reconocidos como tales, por el hecho de haber demostrado ser capaces de asimilar e integrar una mayor proporción de puntos de vista, de experiencias, de intereses, en una concepción y en un gran proyecto político coherente.

XXIII.

Reflexión sobre los "adversarios" en la nueva política y cómo relacionarse con los que la impugnan.

Otra pregunta que surge al pensar en un nuevo paradigma de política se refiere a los adversarios. ¿Existen adversarios en la nueva estructura de la acción transformadora? ¿Quiénes serían, o cómo pueden identificarse los adversarios? ¿Qué tipo de relaciones establecer con los adversarios?

En la política propia de la civilización moderna, para cada partido y movimiento político los adversarios han estado claramente delimitados. Los adversarios son establecidos como tales adversarios, a menudo incluso como enemigos, por cada sujeto político, por cada partido. Los adversarios son los otros, los distintos, los que piensan de otro modo, los grupos sociales a los que no pertenecemos. Así, en la civilización moderna, la política es lucha y confrontación entre adversarios, y la identificación de los adversarios es una cuestión fundamental y decisiva para cada partido político. Sin adversario pareciera que no hay política, que no existiera una 'causa' por la cual luchar.

De hecho, la política moderna tiene muchas características bélicas, lo que se evidencia en que muchos de sus conceptos han sido tomados del lenguaje militar y guerrero. Palabras como militancia, conquista, estrategia y táctica, trinchera, ganar o perder posiciones, estrategia de movimientos y estrategia de posiciones, maniobras y alianzas, avances y retrocesos, correlación de fuerzas, son todas palabras que provienen del lenguaje militar, y que se emplean abundantemente en la política de los partidos.

Cuando se trata de crear una nueva civilización, podemos pensar en algo así como los adversarios, pero la palabra 'adversario' adquiere un sentido completamente diferente al que tiene en la política moderna. En una forma superior de la política los adversarios serían aquellos elementos, características o aspectos de la realidad, que no quisiéramos que sigan presentes en la nueva civilización. Por ejemplo, adversarios serían el hambre, la injusticia, la delincuencia, la pobreza, el individualismo competitivo. Adversarios serían los problemas de la sociedad que queremos superar, transformar, conducir a niveles superiores. La nueva política tiene una dimensión crítica y antagonista respecto a aquellos aspectos de la realidad que no queremos que sigan presentes en la nueva civilización. Pero no pensaremos a las personas, comunidades, organizaciones o grupos distintos al propio, como adversarios que vencer o doblegar.

La relación que en la nueva política correspondería establecer con las personas y grupos que antagonicen con el proyecto de la nueva civilización y con la nueva política, debiera ser ante todo, de conocimiento de sus motivos, y en base a ello, de valoración de sus potencialidades. Es posible, más aún, en realidad es seguro, que esas personas y grupos que nos adversan, expresen ciertas exigencias, ideas y valores que podríamos incorporar, aunque sea en un plano subordinado, en el propio proyecto. Sobre esta base, será posible establecer con esos supuestos 'adversarios', una relación orientada a generar en ellos determinados procesos de desarrollo, de transformación y de perfeccionamiento; procesos que por sí mismos realicen, si bien favorecidos por nuestra comunicación con ellos, y que los lleven a integrarse a la nueva civilización.

Relacionado con esto, recojo un concepto de Antonio Gramsci que me parece muy lúcido. Dice Gramsci que "Encontrar la real identidad bajo la aparente diferenciación y contradicción, y encontrar la sustancial diversidad bajo la aparente identidad, es la más delicada, incomprendida y sin embargo esencial cualidad del crítico de las ideas y del historiador del desarrollo histórico." Pienso que esta cualidad intelectual es aplicable también a la nueva política.

Si hemos definido la nueva política como actividad organizadora del orden social y dinamizadora de las transformaciones, **hay que actuar sobre el conjunto de los sujetos que forman la sociedad actualmente existente, para desarrollarlos, dinamizarlos, e integrarlos a todos en la nueva civilización.** En una civilización superior como la que estamos concibiendo no puede haber ni excluidos ni sometidos.

Es por ello que Gramsci plantea que el 'centro de elaboración unitaria' de la nueva cultura, debería llevar un seguimiento de **todos** los movimientos y centros intelectuales que existen y se forman. De todos, excluyendo apenas a aquellos que tienen un carácter arbitrario y loco; si bien incluso éstos, con el tono que se merecen, deben ser al menos registrados. Agregaba que es preciso 'dibujar' una especie de **mapa** intelectual y moral, o sea identificar a los grandes movimientos de ideas y los grandes centros, llevando cuenta de los **impulsos** innovadores que se verifican en ellos. Agregaba que no hay que esperar que hayan adquirido toda su fuerza y consistencia para ocuparse de ellos, y tampoco es necesario que estén provistos de las dotes de coherencia y de riqueza intelectual, pues no siempre son los movimientos más coherentes y los intelectualmente más ricos, los que triunfan.

La razón de este 'seguimiento' no es simplemente para tener un conocimiento de la realidad cultural, sino principalmente para organizar la propia actividad de difusión y de universalización del proyecto de la nueva civilización, actuando sobre esos movimientos culturales existentes, criticándolos en lo que requieren superar, y llevándolos a su mejor desarrollo en lo que pueden aportar, buscando siempre su integración en la nueva civilización. **En todos los casos, se trata de ampliar el campo de la conciencia posible, entrando en comunicación y diálogo, con lo cual el propio proyecto se enriquece y amplía, hasta acceder progresivamente a la necesaria universalidad.**

131

En ocasiones, la crítica ha de ser dura, incluso despiadada cuando sea necesario para superar la mentira y el engaño, la dominación y la explotación; pero habrá que dejar siempre espacio a la acogida, a la integración, al reconocimiento de aquello de valor que pueda estar representado por quienes nos contradicen y adversan.

Seguiremos reflexionando sobre la 'nueva política' en el próximo capítulo.

XXIV.

Sobre la dimensión transformadora de la nueva política. ¿Cuánto de continuidad con el pasado y cuánto de creación de lo nuevo?

Hemos dicho que la política es **acción organizadora del orden social, y al mismo tiempo acción dinamizadora de los procesos históricos. En base a ese concepto general de política, afirmamos que la 'nueva política' es una cierta estructura de esa acción organizadora de la comunidad y transformadora de la vida social, que a partir de la realidad presente inicia la creación de un nuevo orden social e institucional, propio de una nueva y superior civilización**.

Surge de aquí una nueva pregunta crucial: ¿Cuánto de continuidad con el pasado y cuánto de acción transformadora? ¿Cuánto de tradición y cuánto de creación, cuánto de conservación y cuánto de cambio, han de caracterizar a la nueva política? Se trata, más exactamente, de concebir las relaciones que puedan darse en el proceso de creación de la nueva civilización, entre la continuidad y la novedad, entre la tradición y el proyecto, entre la conservación y el cambio.

Cuando nos planteamos la cuestión de la integración social y cultural, y de la 'forma unificante' de la nueva civilización, nos centramos en la primera dimensión

133

de la política, esto es, en la política como organizadora de un nuevo orden social. Ahora bien, en el tránsito a una nueva civilización, en los inicios de su creación, la dimensión transformadora adquiere una importancia y una centralidad especial.

En la política moderna ya definitivamente en crisis, la dimensión transformadora de la política ha destado definida de dos modos diferentes, y en función de ello se han articulado dos diferentes modelos de política: la política reformista y la política revolucionaria.

La **política reformista** enfatiza la continuidad y la conservación del orden existente, que se concibe como susceptible de ser dinamizado y parcialmente modificado, pero de manera tal que no resulte afectado el orden vigente y su continuidad fundamental. El proceso histórico es intervenido a través de reformas adaptativas, tales que el orden social no se vea perturbado. Incluso más, las reformas parciales son planteadas con el preciso objetivo de adelantarse a eventuales amenazas al orden constituido, el que si no evoluciona corre el riesgo de desintegrarse como consecuencia de los conflictos que en su interior se van produciendo y acumulando.

Resulta bastante obvio que ese modelo de la política reformista no sirve cuando se trata de crear una nueva civilización, porque se orienta conscientemente a preservar el orden institucional existente, en lo económico, lo político y lo cultural, reduciendo el cambio y la novedad a aspectos secundarios, y asumiendo las dinámicas históricas sólo en función de

134

perfeccionar los modos ya consolidados de funcionamiento de la economía, la política, la cultura.

El otro modelo, el de la **política revolucionaria**, enfatiza la transformación, de modo tal que las estructuras del orden existente sean subvertidas y sustituidas por un orden social radicalmente distinto. La política revolucionaria se imagina que es posible cambiar un 'sistema' económico, político, social y cultural, por otro completamente distinto, y ello en un breve período de tiempo, mediante un proceso de transformaciones estructurales denominadas precisamente 'revolucionarias'. El modo de hacerlo sería la toma del poder del Estado por parte del partido o del grupo portador del proyecto revolucionario, para desde el Estado imponer las nuevas realidades, las transformaciones, a toda la sociedad.

Este modelo de política revolucionaria tampoco es compatible con la creación de una civilización superior, porque supone un proceso de concentración del poder que niega los valores esenciales de la civilización que queremos, e implica un potenciamiento extremo del Estado, o sea el fortalecimiento de aquella que es precisamente la institución unificadora central de la civilización moderna en crisis.

Vemos así que **tanto el modelo reformista como el modelo revolucionario, son funcionales al mantenimiento de la ya vieja civilización moderna**, aunque por razones y caminos distintos.

La nueva política, orientada hacia una nueva civilización histórica, requiere combinar de modo totalmente original la continuidad histórica y la creación de lo nuevo. Por un lado, hay que reconocer que el elemento de continuidad es esencial en la creación de una civilización superior, precisamente porque se trata de un proceso civilizatorio que se propone conducir a formas superiores de convivencia humana. La extrema ruptura con el pasado, propia de los movimientos revolucionarios, suele generar dinámicas que en muchos casos han podido calificarse incluso como barbarismo, en cuanto han acentuado la destrucción de lo existente más que su superación. También ha ocurrido históricamente que una civilización nueva resulta inferior a la que la antecede, y ello sucede precisamente cuando los elementos de destrucción y de discontinuidad con el pasado son llevados al extremo.

Un movimiento creador de una civilización nueva y superior se inserta en aquella dinámica que tal vez sea la de máxima duración histórica, cual es la del proceso civilizatorio de la humanidad.

El movimiento político orientado a crear una nueva civilización requiere tener conciencia de su propia duración y de su lugar en la historia; tener la conciencia de ser un proceso que hunde sus raíces en la historia y que se proyecta hacia el futuro recuperando para éste todo aquello de valioso, positivo y rescatable que la humanidad haya creado a lo largo de los siglos y milenios anteriores, en los campos de la economía, la política, la cultura, el arte, el pensamiento, la espiritualidad, las artes, etc.

Los creadores de una civilización nueva y superior deben de tener y desarrollar algo que podríamos denominar 'espíritu civilizatorio', o sea tener el 'sentido de la civilización', que es una especie de conciencia de la historia, de los 'tiempos largos' de la evolución de la humanidad. Ese 'espíritu o sentido de civilización' implica asumir que el propio movimiento es un momento dentro un proceso largo y complejo, que viene de muy antiguo, que está en curso desde hace siglos y milenios, y que continúa y se proyecta hacia el futuro. **Esta conciencia de la historia es, en definitiva, una manifestación real y concreta de que se establece una relación de solidaridad con la humanidad entera.**

Pero, por cierto, no se trata de conservar todo el pasado. Lo que merece ser conservado es aquello que el pasado tiene de vivo y de valor permanente. Más aún, **conservar y dar continuidad a elementos del pasado implica siempre renovarlos, recrearlos, integrarlos en la nueva realidad en construcción, y en tal sentido, perfeccionarlos y llevarlos a su pleno desarrollo.** La fuerza innovadora, en cuanto sea real, no existiría si no viniera del pasado, si no fuera en cierto sentido un elemento del pasado, lo que del pasado está vivo y en desarrollo. Ella misma es conservación e innovación, y contiene en sí todo aquello de las civilizaciones pasadas que sea digno de conservarse y desarrollarse.

Pero la nueva civilización sólo es verdaderamente nueva y superior si trasciende todo el pasado, si lleva la experiencia humana, individual y social,

137

hacia horizontes hasta ahora desconocidos. La nueva civilización es un orden social nuevo, y crearlo supone introducir en la vida personal y social, novedades sustanciales, que impliquen un proceso de transformación que ha de ser mucho más profundo y extendido que los cambios que puedan preverse desde ópticas políticas reformistas y revolucionarias.

Una transformación tan radical no puede sino ser el resultado de la actividad creativa, o sea de actividades y procesos que impliquen la introducción de formas y de contenidos originales y nuevos - que antes no existían- en la realidad personal y social. En efecto, lo único que puede cambiar en profundidad lo existente consiste en **crear y poner en la realidad dada realidades nuevas**, que cuestionen lo existente y que con su presencia lo lleven a reestructurarse. La principal y decisiva actividad transformadora es la actividad creativa, aquella capaz de **introducir efectivas novedades históricas**.

Las políticas reformistas y revolucionarias se han caracterizado por reorganizar, con mayor o menor intensidad, lo existente. La política nueva creadora de una civilización superior, no se limita a reorganizar, reformar y revolucionar lo ya existente, sino que se despliega creando e introduciendo novedades históricas que, al interactuar con las realidades existentes que vienen del pasado, las cambian profundamente, generando racionalidades históricas inéditas.

La transformación más radical y profunda es la creación de lo nuevo, en este caso, la creación de nuevas formas de pensar y de vivir; de nuevos modos de hacer economía y de hacer política; de nuevas expresiones del arte, del conocimiento y de la espiritualidad; de nuevas modalidades de convivencia y de interacción social, a nivel familiar, local, nacional, internacional y planetario.

XXV.

Sobre el proyecto político: ¿Utópico o realista? ¿Quién lo elabora? ¿Cómo se establecen los fines y los medios?

La dimensión transformadora de la nueva política se expresa en el proyecto que la guía y orienta. Se busca transformar la realidad social a partir de la situación presente, para llevarla a una nueva situación histórica. En éso consiste el proyecto político. Un proyecto que, cuando se trata de transitar hacia una nueva civilización, es un proyecto de transformación profunda de la estructura económica, de la organización social, de la institucionalidad política, de la vida cultural, etc.

Pues bien, lo primero que implica cualquier proyecto político es la formulación de fines y objetivos a realizar con un horizonte de tiempo prolongado, o sea en el largo plazo histórico. Ha de incluir también la indicación de objetivos y metas a lograr en el mediano y en el corto plazo, como etapas de un camino conducente al resultado finalmente deseado. El proyecto implica también la identificación de los medios necesarios para su realización, de modo que en todo proyecto político se establece una relación entre medios y fines.

En la política de la vieja civilización moderna ha habido varias formas de definir el proyecto. Una de ellas consiste en asumir de antemano y de una vez

140

para siempre, un determinado 'modelo' teórico de sociedad, que ha de ser 'aplicado' y llevado a la práctica por los sujetos 'concientizados' en el proyecto. En el 'modelo' se fija lo que se considera el 'deber ser' de la sociedad por construir, que en algunos casos se deriva de una concepción ética o de una doctrina social que dirime lo que se considera justo, humano, natural, necesario, racional, etc. En otros casos el 'modelo' se deriva de una ideología, que expresaría el interés de una clase o de un grupo social, religioso o de cualquier otro tipo, que se supone que es el portador del interés general de la sociedad. En ambos casos, el proyecto tiene poco que ver con el análisis de la realidad presente y con las características particulares y concretas de los sujetos supuestamente llamados a materializar el proyecto. Lo que 'deben' hacer los agentes del cambio, es 'tomar conciencia' del 'modelo' y convertirse en medios e instrumentos para llevarlo a la práctica.

Todos los proyectos de sociedad definidos de ese modo han resultado utópicos e irrealizables. La razón de ello es clara: cuando se piensa en 'aplicar' un modelo teórico a la práctica, o sea de configurar la realidad social entera conforme a un 'modelo' ideal elaborado por algunos, ocurre inevitablemente que se generan fuerzas antagónicas, pues hay otros modos de pensar, otras organizaciones y otros intereses diferentes, que desplegarán fuerzas de oposición y que buscarán resultados distintos al proyecto que se quisiera implantar por el grupo portador del 'modelo'. Y el resultado es siempre una realidad que entra en un conflicto que tiende a ser permanente.

141

A lo más que se podría aspirar por ese camino es a concretizar, por un período de tiempo históricamente breve, algo así como una caricatura deformada del ideal buscado, y ello en base a una brutal fuerza dominadora - ideológica, política y/o militar- controlada por un grupo que se impone sobre los demás. Porque para cambiar y reorganizar toda la sociedad conforme a un 'modelo' previamente definido, se necesita disponer y utilizar muchísimo poder, un poder inmenso detentado y utilizado por quienes sean los portadores y ejecutores del 'modelo' en cuestión. Pero disponer de mucho poder supone concentrarlo y acumularlo, lo que sólo puede verificarse en la medida que muchos otros sean despojados de su propia capacidad de tomar decisiones.

Por ello, la transformación social concebida como la aplicación de un 'modelo' teórico de sociedad es no sólo irrealizable, sino también cuestionable desde un punto de vista ético. Que uno o varios sujetos sociales, que no pueden ser mas que una parte de la sociedad, se consideren portadores de un proyecto global conforme al cual toda la sociedad deba ser remodelada, supone partir de la base que ellos son poseedores en exclusiva de la verdad y de los valores apropiados.

Si, por el contrario, partimos del supuesto que la verdad y los valores se encuentran repartidos socialmente y que nadie los posee totalmente; de que todas las personas y grupos tienen ideas, valores, intereses y aspiraciones que pueden ser legítimos y que tienen derecho a existir; de que la homogeneidad social es un empobrecimiento de la experiencia humana, y que en cambio la diversidad y el pluralismo constituyen una riqueza y son el producto de la libertad creadora de los hombres,

142

entonces se descubre que no es posible ni apropiado plantearse un proyecto de transformación entendido como la aplicación a la práctica de un 'modelo' de sociedad elaborado por unos pocos.

Se hace evidente la necesidad de pensar de otra manera la transformación social.

La crítica de aquellos modos de concebir el proyecto de transformación, no puede sin embargo llevarnos a adoptar ese otro modo de hacer política, que es también muy propio de la civilización moderna en crisis, que podemos calificar como pragmático. En la política pragmática se parte siempre del análisis de la situación presente, pero la finalidad de la acción política se desvanece, y la política queda reducida a la gestión de la realidad existente. Este tipo de política suele afirmarse como 'realista', en contraposición al carácter 'idealista' que tendría el modo anterior. Pero la verdad es que bajo tal 'realismo' se esconde la renuncia de la política a la acción transformadora, porque se ha abandonado la definición de fines y objetivos, y la actividad se centra al nivel de los medios, en orden a fines u objetivos que se asumen pasivamente, que no se elaboran conscientemente, porque se supone que ya están dados, predeterminados por el sistema imperante.

Sólo la definición de fines mediante una actividad de pensamiento autónomo, puede originar actividad realmente transformadora. Cuando, en cambio, se dan los fines como ya determinados, no hay verdadera transformación posible. La determinación de fines u objetivos nuevos, que trasciendan la racionalidad inherente a la civilización que caduca, es el comienzo de

143

una acción realmente transformadora. Pero la definición de los fines no consiste en la formulación de un 'modelo' ideal, de un 'deber ser' de la sociedad derivado deductivamente en base a principios abstractos.

¿Cómo son, y cómo se formulan, entonces, los objetivos de la nueva política transformadora?

Lo primero que hay que decir, es que los sujetos que asumen la creación de una civilización nueva y superior, se plantean fines y objetivos para ser realizados por ellos mismos. Son, en tal sentido, máximamente realistas y prácticos, estando obligados a formular esos objetivos considerando las condiciones existentes, las propias reales capacidades de acción, las propias energías y voluntad de realización. No se plantean objetivos globales para que 'alguien', - o sea 'otros' - los lleven a la práctica.

Sin embargo, al plantearse objetivos realizables, de largo, mediano y corto plazo, los portadores del proyecto transformador no cuentan solamente con las capacidades y fuerzas que tienen hoy ellos mismos, pues en su propio proyecto está el objetivo de expandir las propias capacidades, y también de invitar, de convocar, de motivar las capacidades y energías de todas aquellas otras personas y organizaciones existentes, que puedan integrarse a la realización del proyecto transformador. Al proyecto, entonces, junto con integrarse siempre nuevas fuerzas, se integran también nuevos objetivos y fines, que llegan a ser compartidos por todos quienes potencialmente puedan involucrarse en su realización. El proyecto es, así, expansivo, multiplicador de las energías que requiere su realización.

De este modo, los fines son pensados en relación con las fuerzas de que se dispone **potencialmente**, y con las premisas y situaciones existentes, pero entendidas **dinámicamente**. La nueva política orientada a crear una nueva civilización, se basa en la realidad efectiva, pues la realidad sólo puede ser cambiada con la realidad; pero la realidad no es entendida como algo estático o en equilibrio estable, sino como un conjunto de sujetos y fuerzas humanas, individuales y sociales, que pueden plantearse objetivos y proyectos por realizar mediante la propia voluntad y actividad consciente. A partir de esa realidad existente, en la cual existen sujetos y fuerzas progresivas, capaces de compartir los objetivos a cuya realización son invitados, se va configurando un proyecto transformador que se va expandiendo, y la realidad va siendo transformada en la medida que se vayan cumpliendo los objetivos que configuran el proyecto.

Cabe preguntarse aún, más específicamente, ¿cuál es la realidad pertinente de considerar para fijarse los objetivos de transformación? ¿Y cómo procedemos a conocerla? ¿Y en base a qué aspectos o elementos de esa realidad podemos formular los objetivos de su transformación?

Estas preguntas son cruciales para diferenciar la nueva política de la política pragmática, que también ella afirma basarse en la realidad y mantenerse al nivel del realismo político. En efecto, **el análisis de la realidad en que se basa la formulación del proyecto en la**

145

nueva política, se desarrolla a través de aquella nueva estructura del conocimiento a que nos referimos anteriormente, o sea en aquellas ciencias que definimos como 'críticas' y 'comprensivas', que conciben la realidad histórica como configurada por todos los sujetos que la construyen, y que ponen en ella toda su subjetividad y sus interacciones, incluida la ética y los valores con que guían su acción, los intereses y las pasiones que los mueven, y que configuran relaciones de fuerzas sociales que van determinando el curso de la historia.

Desde este punto de vista, lo que más interesa a los efectos de elaborar el proyecto, identificando fines y medios transformadores, es la comprensión de las nuevas **racionalidades** económicas, políticas y culturales emergentes, que sean posibles de ser **potenciadas** mediante la acción política de los sujetos que se plantean el proyecto de la nueva civilización.

El punto de partida será el reconocimiento de los sujetos activos existentes, y en particular de aquellos que actúan orientados en ciertas direcciones que sean potencialmente convergentes con el proyecto de una nueva civilización, y que puedan ser motivados y potenciados al proponerles fines y objetivos más amplios, coherentes e integrables en el gran proyecto. A medida que esos sujetos (personas, organizaciones, comunidades, redes, etc,) se desarrollan en función de sus objetivos particulares, y en la interacción con los sujetos que se plantean el proyecto más amplio de la nueva civilización, ellos irán ampliando el campo de su conciencia posible, orientándose progresivamente hacia la perspectiva de la nueva civilización, con lo que

146

llegarán a pensar, a proponerse y a realizar objetivos más amplios y profundos.

XXVI.

Donde se analiza la cuestión del Estado en la nueva civilización: el lugar que podrá ocupar, y las transformaciones que tendrá que experimentar.

Otra cuestión fundamental que debemos reflexionar respecto a la 'nueva política' se refiere al Estado. Hemos visto que el Estado constituye la 'forma unificante' propia de la civilización moderna, constituyéndose en el eje central de su pilar político. Si nos planteamos transitar a una civilización nueva y superior, cabe preguntarse si el Estado permanecerá vigente en ésta, y en el caso que la respuesta sea positiva, bajo qué condiciones su presencia y actividad no implicará mantener la política atrapada en la lógica de la civilización moderna que decae y perece.

Ya hemos dicho que la historia de las civilizaciones demuestra que entre una civilización y la siguiente no hay una ruptura o separación completa, sino que muchos elementos de la civilización anterior permanecen vigentes y activos en la civilización nueva. Pero la cuestión, en el caso de la pregunta que nos hemos planteado, se refiere no a un elemento cualquiera, sino a la 'forma unificante', que por definición, es lo que define centralmente a una civilización. Sería, pues, de esperar que siendo el Estado la 'forma unificante' central de la civilización moderna, deje de serlo en la nueva civilización que emerge.

Pues bien, lo primero que podemos decir al respecto es que no sería la primera vez que la 'forma unificante' de una civilización permanece vigente y activa en la nueva civilización, aunque no ya operando como tal 'forma unificante' central, sino reducida a elemento o componente particular, y en cuanto tal, subordinada y en cierto sentido degradada, al integrarse en la nueva civilización que la sustituye. Este fue, por ejemplo, el caso de la Iglesia Católica, que de haber sido la 'forma unificante' de la civilización medieval europea, permanece operante en la civilización moderna, en la cual ha sido el Estado el que asume la calidad central de 'forma unificante'.

Basándonos en ese precedente histórico, y pensando que el Estado cumple algunas importantes funciones que deberán seguir realizándose en la nueva civilización, podemos formular la hipótesis que **el Estado continuará presente en la nueva civilización, pero ya no cumpliendo el papel de 'forma unificante', sino despojado de sus atributos de centralidad, reducido en sus funciones, subordinado a otro componente organizador central de la vida social y política. Y, además, profundamente reformado, transformado internamente.**

Examinemos lo que puede significar y cómo se pueda llegar a todo esto.

En base a todo lo que hemos examinado hasta aquí, y especialmente en lo referido a los sujetos creadores de la nueva civilización, a las dimensiones de ésta y a la forma de su expansión, al modo de elaboración de su 'forma unificante' propia, y a las características de la

149

nueva política, podemos adelantar algunas importantes conclusiones sobre las transformaciones que debiera experimentar el Estado en la transición a la nueva civilización.

Ante todo, la creación de la nueva civilización debiera implicar una **sustancial reducción del poder del Estado y de sus funciones**. Ello, por un lado, en cuanto la recuperación del control sobre las propias condiciones de vida, por parte de las personas, de las organizaciones, de las redes y de las comunidades locales, implica que muchas de las funciones y actividades que en la civilización moderna han sido concentradas en el Estado, se descentralizarán y diseminarán socialmente. Digamos que el Estado experimentará, en tal sentido, un cierto 'vaciamiento desde abajo'. La educación, la salud, la provisión de servicios de proximidad, el entretenimiento, la previsión social, la ayuda mutua, y tantos otros aspectos necesarios para el desarrollo de la vida humana y de la convivencia social, experimentarán un significativo proceso de descentralización, **recuperando las personas, las familias y las comunidades locales, un conjunto de funciones y actividades que se han ido concentrando en el Estado**, que las ha centralizado, burocratizado y homogeneizado injustamente.

Esto es coherente con el criterio de elaboración y establecimiento de la nueva 'forma unificante' que procede desde abajo hacia arriba, o sea conforme al principio de que todo lo que pueden realizar las personas, y luego las comunidades e instancias menores, deben hacerlo ellas mismas, desplegando así sus propias capacidades, mientras que aquello que requiera el concurso de algún nivel de agregación superior, lo asumirán las instancias sociales inmediatamente superiores que se creen con ese propósito. De este modo el proceso de la organización social va ascendiendo progresivamente hacia los niveles societales mayores y hasta finalmente el nivel universal, que se hará cargo de aquello que sólo puede ser adecuadamente resuelto en estos niveles superiores.

El poder, de este modo, lejos de concentrarse en el Estado, se difumina socialmente, permitiendo que cada persona, cada grupo y cada comunidad creativa, autónoma y solidaria,, en sus respectivos niveles, se hagan cargo de lo que pueden satisfactoriamente cumplir, lo que les permite su efectivo empoderamiento. Y como consecuencia de ello, la sociedad humana se irá articulando como una comunidad de comunidades, una organización de organizaciones, una red de redes.

Al mismo tiempo, y considerando que de este modo la nueva civilización se proyecta en dimensiones planetarias o universales, habrá aspectos y funciones que hoy cumple el Estado - aparentemente en representación de la sociedad toda sin que esto sea efectivo dadas sus características territoriales determinadas -, que se trasladarán a instancias universales, que sean realmente expresión de la humanidad. Será un proceso que, en este sentido, podemos entender como cierto 'vaciamiento' del Estado 'desde arriba'.

En este segundo sentido podemos pensar, por ejemplo, que los Estados nacionales debieran ser despojados de la capacidad de realizar guerras, o sea quedar desprovistos de los actuales ejércitos nacionales, puesto que el bien de la humanidad y la nueva civilización requieren la paz entre las naciones, y es obvio que ha sido la disposición de ejércitos bajo el control de los Estados lo que ha posibilitado que a lo largo de toda la civilización moderna se hayan realizado tantas nefastas guerras fratricidas entre naciones.

Será en cambio una instancia universal que agrupe a todas las naciones, en la que todas ellas encuentren adecuada representación y participación, la que podrá disponer de las capacidades militares necesarias para impedir que una naciones se levanten contra otras, y para asegurar la paz universal, impidiendo que se establezcan relaciones de dominio y opresión de las más débiles por las más fuertes.

Otro elemento que se ha demostrado dañino para la existencia de un orden social justo entre las naciones, ha sido el monopolio que han tenido los Estados nacionales modernos en la emisión y control del dinero. Un orden económico justo requeriría que las transacciones comerciales a nivel internacional no fueran realizadas mediante el uso de una o pocas 'divisas' emitidas y controladas por uno o pocos Estados muy poderosos, que con ello imponen condiciones de intercambio inequitativos con los otros países. Se hace indispensable una moneda única, una moneda de circulación universal, para el comercio y las finanzas internacionales, que ha de ser emitida y controlada por alguna instancia en la que todas las naciones encuentren adecuada representación y participación. Al mismo tiempo, 'desde abajo', será posible y conveniente el surgimiento de monedas locales, comunitarias,

152

comunales y complementarias, que faciliten los intercambios y fomenten los desarrollos locales, comunitarios y comunales.

Ahora bien, además de la reducción y relativo 'vaciamiento' de sus poderes actualmente sobre-concentrados, el Estado requerirá procesos de transformación profunda, en la dirección de su efectiva y real **democratización**, y en orden a **expandir la participación ciudadana en sus procesos decisionales**.

Por de pronto, y por las razones expuestas anteriormente, los partidos políticos ya no serían parte de la estructura del Estado, no ejercerían la función de selección del personal directivo del Estado, no tendrían la representación de grupos, clases o categorías particulares. En consecuencia la política y el Estado no se desenvolverían en un estado de permanente conflicto de intereses y de ideologías contrastantes.

La necesaria mediación entre los ciudadanos y el Estado central no sería realizada por partidos políticos, sino que las organizaciones, comunidades, redes y demás agrupamientos que las personas formarían en la sociedad civil, tendrían participación directa en un Estado configurado como organización de organizaciones, como comunidad de comunidades, como red de redes.

La representación indirecta de los individuos, que es propia de las democracias en la civilización moderna, que implica inevitablemente la división entre dirigentes y dirigidos, sería sustituida en la nueva civilización por la participación directa de las comunidades y demás organizaciones que se hayan generadas en la sociedad civil; participación que se realizaría en instancias consultivas y decisionales, en las que se prescindiría de las burocracias permanentes que son propias de los Estados actuales en crisis. En las nuevas formas del Estados, las funciones técnicas especializadas, y los especialistas que su ejercicio pudiera requerir, quedarían bajo el control de los ciudadanos y de sus comunidades.

Dejamos hasta aquí estas reflexiones e ideas sobre el Estado en la nueva civilización, siendo claro que lo que hemos enunciado tan sintéticamente, no son más que hipótesis provisorias, coherentes y consecuentes con cuanto hemos reflexionado hasta aquí sobre la nueva política. Porque, del mismo modo que en las otras dimensiones de la nueva civilización, las formas y los contenidos que asuman en ella los Estados, serán concebidos, proyectados, creados y perfeccionados por los propios sujetos creativos, autónomos y solidarios que la construyan.

Lo que es claro es que el Estado experimentará transformaciones profundas en el proceso de creación de la nueva civilización. Tales transformaciones serán el resultado del proceso mismo de creación de la nueva política, en el seno de la sociedad civil que - como vimos antes - se configurará también como sociedad política, sin generar un poder político que se levante por sobre la sociedad y se imponga sobre ella.

XXVII.

Las naciones, los pueblos originarios, las etnias y las comunidades nacionales, en la creación de la nueva civilización.

Llegando ya al final de estas reflexiones sobre la nueva política, me referiré a la cuestión de las naciones y de las nacionalidades. Una cuestión relacionada con el tema del Estado que examinamos en la presentación anterior, pero que es claramente distinta, por lo que es necesario examinarla en sí misma y relevando su propia importancia en relación al tránsito hacia una nueva civilización. Porque si bien muchos de los Estados modernos tienen una base nacional y suelen caracterizarse como Estados nacionales, no es lo mismo hablar de naciones que de Estados.

Cuando hablamos de naciones nos referimos a grandes unidades histórico-sociales, a comunidades humanas que a lo largo del tiempo, a través de sucesivas generaciones, han ido configurando una identidad cultural. En tal sentido, el término 'nación' puede resultar restrictivo, por lo que precisamos que entenderemos aquí como 'naciones' a diferentes realidades históricas que se conocen con distintos nombres; nuestra idea de 'nación' incluye, por ejemplo, a los pueblos originarios de América Latina que han conservado su identidad cultural a lo largo de siglos; también a las 'nacionalidades' que tienen sus propias lenguas y que subsisten al interior de varios de los países europeos; y a diversas 'etnias' que caracterizan a las complejas realidades sociales africanas; y así a otras denominaciones con que suelen identificarse pueblos que tienen su propia cultura y su propia continuidad histórica.

Lo determinante de lo que aquí entendemos como una 'nación' es la identidad cultural y el sentido de continuidad histórica, que hacen que entre sus integrantes se genere un fuerte sentido de pertenencia, un sentimiento de identidad compartida, que se trasmite de generación en generación. Se trata de unidades colectivas que se han generado a través de procesos de larga duración y de extendida amplitud, en los cuales ciertas poblaciones humanas numerosas han ido conformando una cierta cultura, un idioma, unas tradiciones, unos modos modos de vivir, y una memoria colectiva, que les proporcionan un sentido de continuidad histórica. A menudo las naciones se fundan sobre unas mismas raíces étnicas, y sobre concepciones del mundo o creencias religiosas ampliamente difundidas, y sobre bases territoriales y geográficas delimitadas; pero estos elementos no están necesariamente presentes en todas las naciones.

Los Estados, en cambio, suelen formarse a través de actos constituyentes ejercidos desde situaciones de poder, y articulan e integran a los asentamientos humanos existentes al interior de un territorio claramente demarcado por límites considerados 'soberanos' y que se defienden con las armas. Los Estados sujetan dichos asentamientos humanos a un determinado poder político y militar centralizado, y a un

156

conjunto de instituciones y de leyes cuyo cumplimiento puede ser impuesto a todos los habitantes del territorio.

Sintéticamente: cuando hablamos de naciones hablamos de sociedades civiles, cuando hablamos de Estados hablamos de sociedades políticas. Las naciones son anteriores a los Estados. Y ha ocurrido demasiado a menudo en la civilización moderna, que los Estados no se configuran sobre una base nacional sino que se imponen sobre más de una nación, integrando a varias de ellas de manera autoritaria. También ha ocurrido que los Estados se demarcan territorialmente dividiendo naciones previamente constituidas.

Prácticamente en todos los casos en que el Estado no se constituye en base a realidades nacionales dadas, a las cuales no corresponde la extensión de su poder institucional y de gobierno, ha sido inevitable que el surgimiento de conflictos y guerras, sea del tipo 'guerras civiles' que se manifiestan al interior de un Estado, sea como guerras entre Estados que pretenden rediseñar sus confines extendiéndose sobre más amplias bases nacionales. La mayor parte de las guerras y conflictos que se han dado y continúan verificándose en la civilización moderna, tienen en su origen la inexistente correspondencia entre las dos instancias mencionadas, la civil de las naciones y la política de los Estados.

El problema se agudiza especialmente en los casos en que la conformación de la unidad estatal se ha impuesto autoritariamente sobre varias naciones, intentando someterlas y pretendiendo generar alguna nueva identidad colectiva supranacional. Es así que los Estados suelen crear y concebir una identidad que

157

denominan 'patriótica', siendo en torno a la idea de Patria que los Estados han buscado generar una identidad cultural sobre bases que no son nacionales, y que no tienen hondas raíces históricas. Dicho de otro modo, ha sido corriente que con la idea de 'patria' se haya buscado suplantar a anteriores identidades nacionales, y creando un sentimiento patriótico se intenta desarticular o debilitar colectivos nacionales anteriores, cuyas bases geográficas no coinciden con las demarcaciones territoriales del Estado.

Cabe, entonces señalar, que en el tránsito a la nueva civilización que pretendemos, este origen y fundamento de tantos conflictos y guerras debiera desaparecer, toda vez que en la nueva civilización, los Estados perderían poder frente a las naciones, como consecuencia de la recuperación de las autonomías de éstas, por un lado, y por el reconocimiento de la presencia y participación de las naciones en las instancias internacionales y planetarias, por el otro. En ambos sentidos las naciones – pueblos originarios, étnias, comunidades nacionales, nacionalidades, etc. - serán también protagonistas de la creación de la civilización nueva.

Ahora bien, cabe advertir que en la civilización moderna ha ocurrido a menudo que las naciones, subsumidas y a menudo sometidas a las entidades estatales que las controlan, han terminado adoptando formas de acción política que no forman parte de sus tradiciones culturales sino que en realidad son propias de la civilización estatal, derivando en movimientos políticos nacionalistas e independentistas que ejercen su acción incluso por vías violentas. Más allá de la discusión sobre la legitimidad o ilegitimidad de tales formas de acción política (asunto que podrá discernirse considerando el grado de opresión y de destrucción que los Estados que las dominan hayan ejercido y ejerzan sobre ellas), es importante comprender que una real y definitiva superación del conflicto y de sus causas podrá lograrse solamente en un proceso de creación de una civilización nueva, post-estatal, que reconozca y valorice a las comunidades locales y nacionales, y que las integre de modo armónico en una nueva identidad de carácter universal.

En tal proceso y como parte del mismo, es importante lo que realicen las naciones por recuperar sus identidades, sus idiomas, sus culturas, su música, su arte, costumbres y tradiciones, desprendiéndose de aquellas incrustaciones de elementos propios de las formas de hacer política que puedan haber adquirido como efecto de su integración subordinada en la civilización estatal moderna.

Asimismo, habrá que comprender que la nueva civilización mira hacia el porvenir y se abre hacia nuevas formas de conocimiento, de cultura, de pensamiento y de arte, y hacia nuevas formas de hacer economía y de hacer política, superiores a las que la humanidad ha experimentado y conocido hasta ahora, y en consecuencia superiores también a las que hayan vivido en el pasado las naciones. En tal sentido, las realidades nacionales, al integrarse a los procesos creadores de la nueva civilización, habrán de crecer en creatividad, en autonomía y en solidaridad, igual que todos los sujetos individuales y colectivos que han de conformar la nueva civilización.

La 'forma unificante' de una civilización nueva y superior no es el Estado; pero tampoco es la nación. Lo importante es reconocer que las naciones, las comunidades, las etnias, por sí mismas e independientemente de los Estados, tendrán su lugar reconocido y su aporte especial que hacer a la creación de un nuevo orden social y de nuevas dinámicas de transformación, desarrollo y perfeccionamiento de la experiencia humana. En tal sentido es decisivo y esencial comprender que la nueva 'forma unificante' no será destructiva de las formaciones sociales menores, ni se construirá mediante la negación de la diversidad y pluralidad de las culturas nacionales y étnicas, sino que las potenciará, las enriquecerá incluso al incorporarles los dinamismos propios que derivan de sus valores fundantes: la creatividad, la autonomía y la solidaridad, en los términos y con los significados con que los hemos comprendido.

Desplegando su propia creatividad, autonomía y solidaridad, las naciones, o sea los pueblos originarios, las nacionalidades, las comunidades históricas, las etnias, serán importantes sujetos creadores de la nueva civilización. Recuperando sus valores, sus culturas, sus tecnologías, sus saberes y sus identidades propias, ellas contribuirán a enriquecer la nueva civilización, con aquellos contenidos que han sabido conservar y rescatar, muchos de ellos provenientes desde civilizaciones anteriores a la época moderna, y que son aportadores de sabidurías, experiencias y riquezas humanas y comunitarias que en el futuro podrán compartir con toda la humanidad.

Con esto concluimos las reflexiones sobre la nueva política, y nos preparamos para entrar al análisis de la nueva economía.

XXVIII.

Aquí se comienza a reflexionar sobre la nueva economía, abordando la cuestión del financiamiento y los recursos para las iniciativas y proyectos.

Como una manera de pasar de la reflexión sobre la nueva política a la no menos importante cuestión de la nueva economía que ha de caracterizar a la civilización que queremos construir, empezaremos por un asunto muy particular y concreto como es el de los recursos y financiamientos que se necesitan para la ejecución de las iniciativas, actividades y proyectos de la creación de la nueva civilización. Porque hay que solventar las iniciativas; se requieren medios para realizar las obras que los participantes en el proyecto se propongan realizar. Todas las iniciativas y organizaciones implican incurrir en gastos de dinero, realizar trabajos, emplear materiales, dedicar tiempos a la gestión, mantener sistemas, etc. Aunque sea ésta una cuestión muy particular, al examinarla veremos aparecer ideas y elementos que pudieran iluminar importantes aspectos de la nueva economía y de la nueva civilización, considerada en su más amplio sentido.

En la civilización del Estado y de las organizaciones que concentran poder y mantienen estructuras burocráticas, sus integrantes son exigidos a pagar periódicamente cantidades de dinero (impuestos, tributos, contribuciones, cuotas) que son colectadas

162

por el centro dirigente, y con las cuales éste financia las actividades del centro organizativo. No será ese el modo en que los creadores y participantes de la nueva civilización contribuyan con recursos al desarrollo de su proyecto. En efecto, aquél modo de financiar los proyectos tiene dos efectos indeseables en la nueva civilización: 1. Refuerza el poder del órgano central (a los dirigentes), y 2. Debilita y subordina a los aportantes (los dirigidos). Es parte de un modo de relación entre dirigentes y dirigidos que corresponde a la civilización en crisis, y que también es preciso superar.

El modo de financiación basado en tributos e impuestos obligatorios, se hace necesario allí donde el Estado se separa de la sociedad y se consolida como un poder exterior que la gobierna. En esas condiciones las personas y los grupos intermedios no están dispuestos a aportarle recursos de manera libre, no participando en la determinación de las actividades que realizarán quienes controlan el poder.

La nueva civilización se funda en la creatividad, la autonomía y la solidaridad de sus participantes. Por ello, en vez de entregar obligatoriamente los recursos a un centro recolector central que decidirá jerárquicamente a qué actividades destinar lo recaudado, los ciudadanos de la nueva civilización aportan recursos libremente y en proporción a su propio compromiso, para financiar aquellas iniciativas, actividades y obras que ellos mismos deciden realizar, y también aquellas realizadas por otros, pero que ellos quieren apoyar e impulsar.

Esto es válido para todos los niveles en que se va articulando la nueva civilización, desde el nivel personal al de las comunidades locales, nacionales y global. Cada nivel tiene sus propias funciones y proyectos que financiar, y en cada nivel sus participantes aportarán los recursos que consideren necesarios y apropiados para su realización.

Esto parte del nivel individual, en el que centraremos por ahora la reflexión. Si somos ciudadanos de la nueva civilización, todo lo que hagamos con nuestro dinero y recursos en función de nuestro propio desarrollo y autonomía, de nuestro propio crecimiento y perfeccionamiento, y que sea conforme con las orientaciones de la nueva civilización, constituye una contribución a la creación y expansión de ella. Esto vale en cuanto individuos, y en cuanto grupo, organización, comunidad o red, y en cuanto organización de organizaciones, comunidad de comunidades, red de redes, etc. Crecer, ampliar la propia realización, satisfacer las necesidades, cumplir las aspiraciones y realizar los proyectos que tengamos en cuanto sujetos participantes de esta nueva civilización, en cualquiera de sus niveles, es una contribución a ella, y tendrá también el efecto de atraer, motivar y acercar a aquellos que valoren positivamente su crecimiento y sus realizaciones.

Poniendo la mirada en lo personal, el actuar económico en el sentido de la nueva y superior civilización probablemente nos implicará dejar de efectuar variados gastos que a menudo realizamos según la lógica de la vieja civilización, y establecer prioridades de gasto y consumo muy diferentes a las que actualmente tenemos o que tienen los habitantes de la vieja civilización moderna.

En la nueva civilización nadie nos dice a qué debamos destinar nuestro dinero, qué consumir, cómo emplear nuestros recursos. Cada uno, participante autónomo, llega a ser autónomo también en esto, precisamente en la medida en que tome conciencia de cuántas y cuáles opciones adopta en dependencia y subordinación a los criterios de la vieja civilización (habitualmente inducidos por los dirigentes, por la publicidad, por el Estado), y cuáles y cuántos hábitos de consumo decidirá cambiar para fortalecer la propia autonomía, creatividad y solidaridad, en orden a participar en el gran proyecto.

La participación en la nueva civilización nos lleva a cambiar fuertemente los hábitos y los modos de consumo, y a asumir una nueva estructura de necesidades, aspiraciones y proyectos. Ello implicará probablemente destinar menos recursos a aquellos tipos de consumo que son característicos de la antigua civilización y que la reproducen, lo cual liberará recursos para destinarlos a aquello que refuerce la nueva civilización.

Habrá probablemente que abandonar el sobre-consumo, el consumismo, el consumo imitativo, el consumo compulsivo, el consumo posicional y ostentoso, que son propios de la moderna civilización en crisis. Así, también, habrá que revertir la tendencia a endeudarse para anticipar el acceso a determinados bienes de consumo de los que se puede prescindir. Probablemente llegaremos también a eliminar o reducir de nuestra estructura de gastos ciertos tipos de donaciones que generan dependencia en los beneficiarios. El análisis crítico de las costumbres y hábitos de consumo y gasto adquiridos según la lógica de la civilización en crisis, con seguridad nos mostrará muchos *ítems* que suprimiremos de nuestros presupuestos.

Todo ello nos permitirá disponer de los medios necesarios para realizar aquellas iniciativas que nos hagan más autónomos, creativos y solidarios. Partiendo por uno mismo, habrá que dedicar más recursos, tiempo y medios, por ejemplo al estudio, al aprendizaje y a la expansión del conocimiento; al desarrollo personal y a la extensión de nuestras relaciones de convivialidad; a la realización de actividades creativas, etc. Aprenderemos a entretenernos de un modo nuevo, a organizar de otro modo nuestro tiempo, a gastar en la adquisición de recursos y de bienes y servicios que nos faciliten el acceso a niveles crecientes de autonomía, creatividad, conocimiento, relacionamiento, comunidad y organización.

Pero nos hemos planteado una tarea grande: iniciar la creación de una nueva civilización. Ello implica procesos de auto-organización, de formación de redes, y el despliegue de una multiplicidad de iniciativas y proyectos en los más variados ámbitos de la economía, la política, la cultura, las ciencias. Y todas estas organizaciones, redes, iniciativas y proyectos requieren recursos para desarrollarse. Como esas son nuestras iniciativas, nuestros proyectos, nuestras redes y organizaciones, somos nosotros mismos los realmente interesados en financiarlas. Si el proyecto es nuestro proyecto, si la red es nuestra red, si su desarrollo es nuestra necesidad, aspiración y deseo, no tendremos inconvenientes en destinar a ello el dinero, el tiempo, el trabajo, los recursos necesarios para realizarlas y llevarlas al logro de sus objetivos. Nadie decide por nosotros, de modo que no corresponde esperar que sean otros los que financien lo que nos hemos libre y autónomamente propuesto realizar.

En este aspecto estamos mal acostumbrados, porque en la civilización que decae entregamos nuestros financiamientos al poder central, al Estado, y le pedimos luego al Estado que nos aporte los financiamientos que requerimos para cumplir nuestros propósitos. Este proceder no es coherente con la nueva civilización, pues reproduce la dependencia y subordinación de los dirigidos respecto a los dirigentes, de los súbditos respecto a los poderosos, y concentra el poder y la riqueza.

Pero en la tarea de iniciar la creación de una nueva civilización no estamos solos, pues podemos contar con los refuerzos, los aportes, las contribuciones, las ayudas que nos proporcionen otros sujetos participantes del mismo gran proyecto, que puedan tener recursos disponibles, y que valorando lo que hacemos nos colaboren. Del mismo modo, estaremos disponibles para colaborar con aquellas iniciativas de otras personas, de otras redes, comunidades y organizaciones, cuyos proyectos y realizaciones apreciamos. Ya lo dijimos, la nueva civilización requiere personas autónomas, pero también solidarias. Organizaciones, comunidades, redes autónomas, pero también solidarias.

167

Las formas de determinar los proyectos que se han de realizar y los modos de financiarlos, serán diferentes en cada nivel del proceso de organización ascendente de la nueva civilización; pero será en cada nivel que las decisiones sobre todo ello serán adoptadas por sus participantes responsables: con creatividad, autonomía y solidaridad.

Más adelante, en otra presentación, volveré sobre el tema del financiamiento y de la comercialización en las iniciativas de la economía de la nueva civilización, porque sobre este tema hay mucho más que profundizar.

XXIX.

Donde se explica el escaso éxito de muchas experiencias económicas 'no-capitalistas' y 'alternativas", y por qué la creación de una nueva economía debe comenzar por el consumo.

Una nueva civilización incluye crear una nueva economía. Entramos al tema reconociendo la existencia de múltiples y variadas iniciativas, experiencias y procesos orientados en direcciones que pueden converger hacia el proyecto de una nueva civilización, y que pueden ser potenciados al proponérseles fines y objetivos más amplios y al integrarse conscientemente en el gran proyecto. Los sujetos que desarrollan esas experiencias - personas, organizaciones, movimientos, comunidades, redes, etc. - se han creado y actúan en función de sus propios objetivos, pero pueden ir ampliando el campo de su conciencia y de sus objetivos al ponerse en la perspectiva de la nueva civilización.

El hecho es que la búsqueda de una nueva economía, de una alternativa a la economía capitalista y estatista, viene siendo perseguida desde hace mucho tiempo. Los intentos de crear una nueva economía, basados en la autonomía, en la creatividad y en la solidaridad de sus participantes, han sido múltiples y variados. Entre ellos podemos enumerar el cooperativismo, la autogestión, la economía comunitaria, la economía de comunión, el comercio justo, la finanza ética, el consumo responsable, las organizaciones económicas populares, y varias otras.

Esos movimientos han alcanzado ciertos niveles de desarrollo interesantes, son preciosos en cuanto testimonio de la posibilidad de una economía éticamente superior a la capitalista. Pero debemos reconocer que no han sido suficientes para superar el capitalismo y el estatismo, y en gran medida permanecen subordinados a las lógicas de la civilización moderna. Una pregunta que hay entonces que hacerse es la siguiente: ¿qué ha impedido su mayor desarrollo, o qué límites les son inherentes, tales que no les ha sido posible configurar todavía una verdadera economía nueva y superior?

La pregunta es importante, pues si se tratara de limitaciones externas, o sea de obstáculos hasta ahora insalvables que les hayan puesto los poderes dominantes en la civilización moderna, podríamos concluir que ya disponemos de las nuevas formas económicas, y que el problema consiste solamente en expandirlas y desarrollarlas, enmarcándolas en procesos transformadores más amplios que irían eliminando los obstáculos que esas experiencias han encontrado. Pero si se trata de limitaciones internas, de problemas que son propios de estas experiencias, que les han impedido su despliegue y expansión, estamos todavía ante la necesidad de encontrar respuestas mejores a la pregunta por los nuevos y superiores modos de hacer economía .

No desconocemos que en muchas circunstancias las organizaciones económicas no-capitalistas, cooperativas y autogestionarias, han enfrentado obstáculos puestos por la legislación y, sobre todo, por la elevada concentración capitalista en que se desenvuelve el mercado. Sin embargo, creo que puede afirmarse que en muchos países y condiciones, estas experiencias han contado con amplio consenso moral respecto a la validez de sus objetivos, y con suficiente apoyo del Estado y de las instancias gubernamentales, que las han favorecido con sostén jurídico, privilegios tributarios, asistencia técnica y financiera. Entonces, nos orientamos a pensar que las limitaciones principales a su desarrollo debemos buscarlas en aspectos inherentes a su propio modo de organizarse, de relacionarse y de actuar.

Tal vez el problema más serio que se manifiesta en estas experiencias alternativas, sea el hecho que no han podido hasta ahora convencer de que, además de ser éticamente superiores, sean también más eficientes desde el punto de vista económico; es decir, que realicen un uso más productivo de los recursos, que proporcionen una mejor retribución a las personas que participan en ellas, y que alcancen condiciones de precio y calidad de los bienes y servicios más convenientes para los consumidores.

Para explicar o justificar esto, a menudo se hace el razonamiento de que "es preciso sacrificar un poco la eficiencia económica en orden a lograr una economía socialmente justa y éticamente más humana y con valores más elevados". El problema es que una economía poco eficiente no puede extenderse y crecer más allá de ciertos límites, porque la mayor parte de las personas (emprendedores, trabajadores,

171

consumidores, ahorristas, etc.) no están dispuestos a sacrificar su propia utilidad en base a una pura exigencia ética o ideológica. El discurso habitual de los promotores de estas economías "alternativas" incluye casi siempre un llamado al sacrificio: hay que sacrificarse por la cooperativa, para sostener el proyecto "social", es preciso estar dispuestos a pagar más por productos "éticos", etc. Pero la economía, por definición, está orientada a producir beneficios, en el sentido que los beneficios sean siempre superiores a los sacrificios, y cuanto más elevados sean los beneficios y más reducidos los sacrificios, la economía será más atractiva y eficiente. Por ello, no se podrá expandir socialmente una nueva superior economía hasta el punto en que pueda prevalecer, si no se logra que sea, simultáneamente, más ética (justa, solidaria, libre) y más eficiente.

Hace años escribí un libro (*"Empresas de Trabajadores y Economía de Mercado"*) para comprender las razones del escaso éxito histórico de los proyectos económicos "alternativos". Resumiré aquí las causas más importantes de esos límites:

Primero: Fundarse en concepciones no realistas sobre la "naturaleza humana". En ciertos casos se supone que las personas son naturalmente generosas y solidarias, poniéndose escaso énfasis en la necesidad del desarrollo personal en términos de la creatividad, la autonomía y la solidaridad. En otros casos, se desconocen los legítimos intereses personales y familiares, partiendo de una visión colectivista de la sociedad.

Segundo: Carecer de una elaboración teórico-científica que comprenda, potencie y guíe la organización y el desarrollo de esas experiencias económicas. Es cierto que el cooperativismo, la autogestión, la economía comunitaria, el comercio justo, la finanza ética, el consumo responsable, etc. tienen concepciones y pensamientos que los guían, pero ellos son básicamente de tipo doctrinario o ideológico, normativo y ético, y no propiamente de ciencia económica, y menos aún, que correspondan a aquella nueva estructura del conocimiento que hemos explicado que es necesaria para iniciar la creación de una nueva y superior civilización.

Tercero: Permanecer atrapadas en los niveles "primitivos" de la ruptura (quedarse fuera) y del antagonismo (ponerse contra) respecto a las teorías y prácticas económicas de la economía moderna, sin elevarse hasta el indispensable nivel de la autonomía. Consecuencia de ello es que habitualmente esas experiencias se auto-definen en términos negativos en vez de afirmativos, como se aprecia en las expresiones "sin fines de lucro", "non-profit", "no-capitalista", y en el hecho de no reconocer el mercado como el lugar socialmente necesario en el cual hay que confrontarse con las otras formas de organización económica.

Cuarto: Una cuestión particular que hasta ahora ha limitado y dificultado la creación de iniciativas económicas solidarias, ha sido el privilegiar y enfatizar las organizaciones y actividades de producción y distribución por sobre las de consumo. De hecho, los principales procesos tendientes a crear una nueva economía comienzan habitualmente por

173

crear iniciativas productivas, comerciales y financieras. Esto probablemente sea una herencia ideológica de matriz marxista, pensamiento que resalta y hace prevalecer en su concepción económica la producción y la distribución, por sobre el consumo y la satisfacción de las necesidades humanas.

Con estas consideraciones críticas no estamos descalificando el cooperativismo, la autogestión, la economía comunitaria, la finanza ética, el comercio justo y tantas otras experiencias y movimientos afines. Ellos son componentes reales, incluso esenciales para la creación de la nueva civilización. Lo que sostenemos es que requieren superar las limitaciones que han presentado hasta ahora, renovarse en profundidad, acceder a grados crecientes de autonomía, de creatividad y de solidaridad, para que asumiendo en plenitud los objetivos y el proyecto de una nueva civilización, desplieguen sus propias potencialidades, y accedan al nivel de conciencia - teórica y práctica - requerido para ser eficaces en la realización de tan magno proyecto.

Más específicamente, se requiere un proceso de reformulación conceptual que oriente la superación de las limitaciones mencionadas. Tal formulación debe incluir, ante todo, una concepción más profunda y exacta de la 'naturaleza humana' y de las necesidades del hombre y de la sociedad.

Se requiere también una elaboración de teoría económica comprensiva, fundada en la nueva estructura del conocimiento que hemos indicado como propia de la creación de la nueva civilización, y que permita comprender las racionalidades económicas propias de la nueva economía, en los campos del consumo, de la distribución y de la producción.

Habrá que disponer también de una nueva concepción del desarrollo, o sea de los procesos de expansión y perfeccionamiento de la nueva economía, que sean sustentables en relación a las exigencias de la ecología y del medio ambiente; que sean social y políticamente consecuentes y realistas; y que proporcionen orientaciones claras y convincentes a las personas y a las organizaciones orientadas en la perspectiva de la nueva civilización.

Lo iremos examinando en los próximos capítulos.

XXX.

Se comienza a analizar el consumo y por qué actualmente la inmensa mayoría de los consumidores son pasivos, dependientes y competitivos.

En la creación de una nueva economía el punto de partida es la transformación del consumo. La razón de ello es clara: si se asume que el fin de la nueva economía es el ser humano, su realización y felicidad, hay que empezar examinando si el consumo de los bienes y servicios que produce la economía está sirviendo a ese objetivo, que implica básicamente satisfacer las verdaderas necesidades del ser humano. Porque el consumo consiste en la satisfacción de las necesidades de las personas y de la sociedad mediante los bienes y servicios que se producen en la economía.

El consumo de un alimento se cumple en el acto de comerlo, de satisfacer la necesidad de nutrirse y de gozar de sus sabores. El consumo de un libro consiste en leerlo, en satisfacer el deseo de aprender y de entretenerse con la lectura. El consumo de una terapia médica se verifica en el proceso de curarse la enfermedad y de vivir saludablemente.

Esto no ha sido comprendido en la economía moderna, que en la llamada 'teoría del consumidor' reduce el consumo al comportamiento de las personas en el mercado, en cuanto compran bienes y servicios.

176

Desde esa óptica el consumo de los alimentos se realizaría en el supermercado; el consumo del libro consistiría en comprarlo; la terapia se consumiría en el momento en que se paga. Entonces no interesa si el alimento nutre bien a la persona, o el libro la haga más culta, o la terapia sane y haga feliz al enfermo. Lo que importa es cuánto dinero gasta el consumidor en la compra.

Las teorías económicas no se han ocupado de lo esencial de la economía que es la satisfacción de las necesidades y el desarrollo humano, lo que les interesa es que los individuos estén en el mercado y compren lo más posible, para lo cual puede incluso ser mejor que las personas permanezcan insatisfechas, si ello los impulsa a comprar más cosas y servicios.

Se requiere una nueva concepción del consumo para concebir y construir una nueva y superior economía. Pero entonces se hace necesario repensar a fondo la cuestión de las necesidades, partiendo de la crítica al modo en que se las concibe en la sociedad moderna. Es una crítica indispensable para comprender la radicalidad del cambio que tenemos que hacer al nivel del consumo. Porque - podemos adelantarlo - es el consumo tal como se da actualmente, lo que lleva a las personas a vivir sus necesidades de manera tal que las convierte en pasivas, dependientes y competitivas. Será radicalmente distinto el consumo que nos convierta en personas creativas, autónomas y solidarias; pero este nuevo modo de consumo implica entender de otra manera las necesidades humanas.

En la civilización moderna se han dado dos maneras de entender las necesidades: la liberal-capitalista y la social-estatista; opuestas entre sí a nivel político, sin embargo ambas se fundan en una similar concepción positivista y naturalista del hombre y de la sociedad.

Según la concepción liberal-capitalista no existiría una naturaleza humana común a todos los hombres, sino sólo individuos que se comportan empíricamente de ciertas maneras, cada uno con sus particulares intereses, necesidades y deseos; cada uno compitiendo con los otros. Las necesidades humanas serían aquellas que los individuos expresan al plantear sus demandas de bienes y servicios en el mercado.

Se piensa las necesidades como carencias, como vacíos que deben llenarse con los bienes y servicios, según lo cual habría una suerte de correspondencia bi-unívoca entre las necesidades y los productos y servicios. A cada necesidad correspondería un producto, y a cada producto correspondería una necesidad. Entonces las necesidades no se experimentan como necesidades del propio ser, sino como las necesidades de comprar y tener cosas y servicios.

Se supone, además, que las necesidades son recurrentes, es decir, que se satisfacen cada vez que los vacíos se llenan con ciertos productos, pero ellas vuelven al poco tiempo a presentarse insatisfechas, y por lo tanto estarían siempre demandando los bienes y servicios que las satisfacen por un tiempo, para que más adelante vuelvan a presentarse los vacíos, las carencias.

Junto con ser estas carencias recurrentes, se concibe que las necesidades son crecientes. Los seres humanos, una vez que satisfacemos ciertas necesidades, queremos siempre satisfacer otras, nuevas, más amplias y más sofisticadas necesidades, de modo que estamos siempre insatisfechos. Se afirma que somos insaciables. Y como las necesidades van expandiéndose, multiplicándose, diversificándose, también la economía va multiplicando y diversificando los productos, o sea los bienes y servicios que ofrece.

Pero ¿somos así los seres humanos? ¿Somos esas cosas con muchas carencias, con tantos compartimentos vacíos, que se llenan y que se vacían, que se van multiplicando y creciendo, y que demandan siempre más bienes y servicios con que llenarse? ¿O es más bien que así nos quiere el mercado capitalista?

Otra concepción de las necesidades que ha tenido presencia en la civilización moderna es la social-estatista, que ha dado lugar a la economía de planificación centralizada. La concepción del hombre subyacente a esta concepción es aquella postulada inicialmente por Ludwig Feuerbach y desarrollada después por Marx y Engels, según la cual lo único que pudiera asociarse a la idea de una naturaleza humana sería la colectividad, entendida como la 'especie' humana natural.

Esta concepción sigue pensando las necesidades como carencias recurrentes que se llenan con productos y servicios crecientes; pero se diferencia de la concepción liberal en que hace una neta distinción entre las que serían las 'verdaderas' necesidades humanas –aquellas propias de la especie -, y los que serían solamente deseos y caprichos individuales. Las 'verdaderas necesidades' serían comunes e iguales para todos: alimentación, vestuario y abrigo, vivienda, protección, informaciones y conocimientos, servicios de salud, y pocas más.

Siendo pocas, fácilmente identificables, jerarquizables en cuanto a su importancia social, se afirma que se puede planificar su creciente satisfacción a través de la acción del Estado. Cada sociedad podría definir sus necesidades, pero como colectivo; es la sociedad la que podría determinar las necesidades que en cada momento puede y debe satisfacer. Por lo tanto, según esa concepción, hay que planificar la economía y regularla estrictamente, reduciendo los espacios de libertad en que los individuos expresen sus deseos y caprichos, porque si cada individuo persistiera en expresar libremente sus demandas, no sería posible la planificación.

La diferencia entre la concepción liberal-capitalista y la concepción social-estatista reside en que mientras en la primera los productos para satisfacer las necesidades son demandados por los individuos y provistos por el mercado, en la segunda los productos son determinados y provistos por el Estado.

Esas dos concepciones de las necesidades, si bien opuestas políticamente, en los hechos se han ido amalgamando en la sociedad moderna. Por un lado se reconoce que los individuos pueden expresar con libertad sus demandas de bienes y servicios en el mercado. Y al mismo tiempo se acepta que existe un nivel de acceso a ciertos bienes y servicios que debe ser igual para todas las personas; acceso que se entiende como un 'derecho' que los ciudadanos pueden exigir al Estado.

Pues bien, este reconocimiento de ambas lógicas como legítimas da lugar a una estructura de las demandas, y a un tipo de consumidor -lo llamaremos el consumidor moderno – muy exigente y complicado, que genera un problema económico tendencialmente insoluble, y que es lo que origina la gran crisis que afecta a la actual pero ya vieja civilización moderna.

En efecto, desde ambas racionalidades (la del mercado capitalista y la del Estado proveedor), las necesidades están creciendo, multiplicándose y diversificándose, y en consecuencia la economía está fuertemente presionada a crecer, a multiplicar su oferta de bienes y servicios, para satisfacer tanto las demandas colectivas que se exigen al Estado, como las demandas individuales que se expresan en el mercado. Desde ambas perspectivas, desde ambas lógicas, se está viviendo un elevamiento del umbral de la cantidad de productos que se demandan y del nivel de acceso al que se aspira.

Por un lado está la lógica del mercado, que es fundamentalmente una lógica de individuación, una lógica de diferenciación mediante la posesión de cosas, donde cada cual trata de diferenciarse, de prestigiarse, de tener acceso a más bienes y servicios.

181

Entonces se produce una suerte de persecusión, porque nadie quiere quedar rezagado: quienes tienen mayor capacidad de compra demandan bienes y servicios cada vez más sofisticados, cada vez más complejos, o en cantidades mayores. Los que los siguen, van accediendo a esos niveles con algún retraso; pero ya los más avanzados se distancian adquiriendo productos más sofisticados, más refinados. Y así continúa en el mercado una persecusión imparable.

Al mismo tiempo se genera un elevamiento persistente del nivel mínimo considerado socialmente aceptable. El elevamiento del nivel individual genera un elevamiento del nivel colectivo, por efecto demostración, por efecto de imitación, por efecto de que "bueno, lo que otros tienen por qué no lo podemos tener todos". De este modo el Estado es exigido a ofrecerle a sus ciudadanos mejores condiciones de habitabilidad, más medios de transporte, mejores sistemas educativos, mejores servicios de protección y de salud, acceso a la educación en niveles cada vez más elevados, etc.

A su vez, el elevamiento del nivel de lo que es común para todos genera una presión en el mercado para diferenciarse por arriba. Porque si, por ejemplo, ya todos tuvieran educación universitaria, el mercado generará las instancias para que todos aquellos que quieran ser más que el común y que presionan por niveles de enseñanza más elevados para sus hijos, les sean provistos. Y así en todos los ámbitos de necesidades.

Entonces, el consumidor moderno, además de ser insaciable, es tremendamente demandante y exigente frente al Estado, pues considera que tiene derecho a que el Estado le provea de todo lo que se necesita para alcanzar el nivel social medio, y además, que tiene derecho a que el mercado le proporcione todo lo que desee y pueda pagar. Y si no lo puede pagar, considera que tiene derecho a que le den el crédito necesario para comprarlo.

Todo esto da lugar a un proceso de aceleración impresionante de las demandas, tanto individuales como sociales. Es lo que estamos viviendo en la actualidad. Y esa expansión y esa explosión de las necesidades y de las demandas hacia el mercado y hacia el Estado, genera una presión enorme sobre el sistema productivo. Una presión para crecer, es decir, para aumentar aceleradamente el proceso de producción de bienes y servicios junto con la acelerada expansión de las necesidades.

Pero hay que preguntarse: ¿es posible este crecimiento indefinido? ¿Habrá recursos y capacidades suficientes para sostener este crecimiento permanente? Si se continuara por este camino ¿serán reversibles las consecuencias que está teniendo sobre el medio ambiente y la ecología? ¿Y será posible superar los gravísimos impactos que este consumismo exacerbado está teniendo sobre la convivencia colectiva, la gobernabilidad, la ética social y los valores culturales y espirituales? Más aún, ¿no es acaso por estarse llegando a los límites posibles de este crecimiento del consumo, que hoy se torna evidente la crisis orgánica de la civilización moderna, y se plantea la necesidad urgente de construir una civilización y una economía distintas? Y yendo más al fondo del asunto: ¿será verdad que accediendo a más productos y servicios alcanzamos una mejor satisfacción de las necesidades humanas, que nos hacemos más felices, que nos realizamos mejor como personas?

XXXI.

Donde se muestra que el consumo creativo, autónomo y solidario, requiere otro modo de pensar y vivir las necesidades.

El consumidor moderno no es un consumidor creativo, autónomo y solidario. Al contrario, su consumo es imitativo, dependiente y competitivo. Así lo quieren la economía y la política dominantes, el mercado capitalista y el Estado asistencial. Se trata de un consumo que empequeñece a las personas, y que en definitiva genera insatisfacción e infelicidad, que parece ser el estado habitual, más extendido, en que se encuentran muchas personas en la fase terminal de la crisis de la civilización moderna.

De este consumo imitativo, dependiente, compulsivo y competitivo tendremos que liberarnos, para acceder a un consumo autónomo, creativo y solidario como el que corresponde a una nueva y superior civilización. Y ese cambio no lo harán ni el mercado ni el Estado; es absurdo demandarlo al mercado ni exigirlo ante el Estado, que son los impulsores del consumo dependiente y pasivo. El cambio en los modos del consumo sólo es posible si lo hacemos nosotros mismos, cambiando cada uno, y generando desde nuestro entorno un cambio cultural que vaya expandiendo un nuevo modo de vivir las necesidades y de consumir lo conveniente para nuestra realización personal y para nuestro desarrollo social.

El consumo autónomo es aquél que no se orienta por la publicidad, ni imita las decisiones que hacen los otros, ni entra en competencia por tener más que los vecinos. El consumo autónomo no es tampoco el que se deja llevar por los propios deseos y caprichos, que es más bien una forma de esclavitud, y que implica que no controlamos nuestra propia existencia con conciencia y libertad.

El consumidor verdaderamente autónomo es aquél que identifica sus objetivos buscando su realización como persona humana integral, la satisfacción de sus verdaderas necesidades, que no son las que indican el mercado y el Estado, ni tampoco nuestros instintos inmediatos, sino las que descubrimos mediante el conocimiento de nuestra naturaleza humana, de lo que somos y de lo que estamos orientados a ser.

De este modo comprendemos que todas nuestras necesidades se enmarcan en cuatro grandes dimensiones de la experiencia humana, que podemos representar por dos ejes que se cruzan, o por cuatro vectores que se despliegan a partir de un punto de origen.

El primer eje lo forman, hacia un lado el vector de las necesidades que tenemos como individuos: necesidades de seguridad y protección, de identidad personal, de logro de nuestros intereses y proyectos individuales. Hacia el lado opuesto, el vector de las necesidades como comunidad y sociedad: necesidades de comunicación, de convivencia, de participación, de realización de proyectos colectivos.

El segundo eje lo forman, hacia abajo el vector de las necesidades corporales y materiales: necesidad de alimentación, de salud, de vivienda, de protección de las inclemencias de la naturaleza, de utensilios y equipamientos diversos, etc. Hacia arriba el vector de las necesidades culturales y espirituales: necesidad de conocimiento, de expresión artística, de trascendencia, de belleza, de bondad, de verdad, de valores y experiencias superiores.

Nuestra realización se cumple en la progresiva satisfacción de las necesidades que se van presentando en los procesos de nuestra expansión y perfeccionamiento en esas cuatro dimensiones de la experiencia humana. En esos procesos utilizamos cosas y servicios que nos provisiona la economía; pero las necesidades se cumplen en nosotros y por nuestra propia actividad, que se sirve de esas cosas y de esos servicios. Esta es la perspectiva en que hay que poner el consumo, revirtiendo la situación actual en que se pone a las personas al servicio de las cosas, trastocando la relación racional entre los medios y los fines.

En la perspectiva de este consumo realizador de las personas y de las comunidades, las necesidades ya no se presentan como carencias o vacíos que llenar con objetos, sino como potencialidades, como experiencias que podemos desplegar activamente. Ellas – las necesidades - son detonantes de actividades, iniciativas y procesos tendientes a

187

convertir en acto lo que está solamente en potencia, como virtualidad, en cada individuo y en cada grupo.

La posibilidad de pensar un nuevo paradigma económico radica en el re-descubrimiento del ser humano como dotado de espíritu, de conciencia y de libertad, y en consecuencia creativo, autónomo y solidario, responsable de sus acciones. De aquí derivan algunas precisiones sobre las necesidades en cuanto específicamente humanas.

Lo primero es que las necesidades **las experimentamos en el plano de la conciencia**. Incluso las necesidades corporales, como la de alimentarnos y abrigarnos, se viven subjetivamente. En el ser humano todo ocurre y todo se vive concientemente, es decir, simultáneamente en el plano interior y en el plano corporal, y en ambos planos se busca encontrar la satisfacción de la necesidad, que será siempre alguna realización personal o social.

Asociado a lo anterior está el hecho que nuestras necesidades son **energías que esperan ser desplegadas**, son fuerzas que buscan manifestarse. Son vectores direccionados, en el sentido que están buscando activamente algún logro, algún resultado para el individuo o para el grupo. Son energías, pero energías creativas, capaces de producir aquello con lo que se satisfacen. Esto nos permite comprender la creatividad en el consumo.

Pues hablamos de consumo autónomo y creativo. Partiendo de que la necesidad no se satisface solamente mediante la cosa o la acción externa que se

188

posee o a la cual se accede, sino por la acción del sujeto que emplea la cosa o el servicio externo, descubrimos que **la verdadera satisfacción de la necesidad se obtiene mediante el despliegue de la energía que libera la necesidad misma**. La necesidad de nutrirnos no la satisface el alimento sino nuestra actividad alimentaria y nutricional. La necesidad de conocimiento no se satisface a través de las informaciones que se presentan a la persona para que las memorice y las aprenda pasivamente, llenando así su ignorancia pensada como el vacío que llenar, sino mediante la construcción activa del conocimiento, construcción que utiliza como insumo o componente los conocimientos e informaciones que otros han elaborado anteriormente; pero no se produce ningún efecto en el sujeto, si éste no los reconstruye mediante su propia acción y proceso de aprendizaje.

Además, las necesidades experimentan un proceso, lo que implica que más que simplemente recurrentes, como se afirma habitualmente, **se perfeccionan progresivamente**. Por ejemplo, una persona tiene necesidad de lectura, de leer novelas, poesía, de escuchar música, etc. Esas necesidades las desarrollamos y perfeccionamos en la medida que leemos, que escuchamos música, que estudiamos. Desarrollamos las necesidades estéticas en la medida que observamos (o mejor aún, que creamos) pinturas, esculturas, o sea que nos cultivamos.

Por esto, pensar en un consumo que nos lleve a satisfacer autónoma y creativamente nuestras necesidades, perfeccionando nuestro ser, se diferencia y distancia no solamente del consumismo

189

contemporáneo, sino también de cierta idea que imagina que el único estado de plena satisfacción en que puede encontrarse un ser humano es cuando haya logrado anular sus necesidades, y que concibe la felicidad como el no experimentar necesidades. Si pensamos las necesidades humanas como energías positivas, no imaginemos que la realización sea llegar a ese estado de apagamiento de las necesidades, de no desear nada y por ello estar satisfechos. Esa no es una buena antropología. Si bien el ser humano puede, con disciplina y esfuerzo interior, apagar algunas de sus necesidades, detener su acción y quedar en cierto modo "en paz" consigo mismo, eso no implica necesariamente aproximarse a la realización de la "naturaleza humana".

Las necesidades son fuerzas constructivas en cuanto son expresión de lo que está en potencia en las personas, que queremos ser más que los que somos. Y ese querer ser más que lo que somos, produce a veces insatisfacción. Pero es una insatisfacción con respecto a lo que ya somos como resultado de algo anteriormente logrado, y que nos permite también estar contentos, estar satisfechos de aquello. No es entonces la insatisfacción por no tener cosas o no acceder a ciertos servicios, sino el desasosiego que resulta del experimentar la vocación a ser más, a expandir nuestra conciencia, a alcanzar fines superiores.

La insatisfacción así entendida nos lleva a concebir la necesidad como un proyecto. De hecho los seres humanos **vivimos las necesidades como proyectos**. Incluso la necesidad de alimentarnos incluye el proyecto del almuerzo que tenemos que prepararnos para satisfacer esa necesidad. La necesidad motiva, impulsa, mueve a ser más, a perfeccionarnos. Orientar nuestro consumo por el objetivo de la realización y el perfeccionamiento personal y social, nos encamina hacia una civilización superior, en la cual la experiencia humana podrá descubrir horizontes nuevos, incluso desconocidos hasta ahora.

XXXII.

Las cualidades del buen consumo, o cómo hacer del consumo un camino de realización personal y desarrollo integral.

Una vez que hemos comprendido las necesidades como específicamente humanas, y definido los objetivos del consumo en las cuatro dimensiones de nuestra experiencia, podemos todavía preguntarnos: ¿de qué modo utilizar los bienes y servicios para que su consumo nos proporcione el mayor y el mejor resultado para nuestra realización personal y social?

Al respecto, podemos identificar un conjunto de 'cualidades del buen consumo', que nos conducen a una mejor calidad de vida empleando menos bienes y servicios, pero en parte diferentes a los que compramos en la actualidad.

Una primera cualidad del buen consumo es la 'moderación', que no significa austeridad ni privación y sacrificio. Moderación significa que se emplean los bienes y servicios en proporción a la necesidad. Un exceso de bienes y servicios, un empleo inmoderado, puede generar una insatisfacción de la necesidad tan fuerte como una escasez o una carencia de bienes y servicios. Moderación significa adecuar la cantidad de bienes y servicios a la amplitud e intensidad de las necesidades.

Una segunda cualidad del buen consumo es la **'correspondencia'**, esto es, que para cada necesidad se escojan y empleen aquellos bienes y servicios que puedan satisfacerla de mejor forma. Por ejemplo, la necesidad de entretenerse puede ser satisfecha de distintos modos: a través de un juego grupal, de una convivencia, o mediante la lectura y la música, o una película, o ante la televisión. Cada necesidad tiene posibilidades múltiples para satisfacerse. El buen consumo busca satisfacerlas mediante aquel bien o servicio que mejor corresponda a cada necesidad y que favorezca el desarrollo humano. Encontrar la correspondencia es algo que cada sujeto debe hacer, con autonomía.

Una tercera cualidad del buen consumo es la **'persistencia'**, o sea que la satisfacción de las necesidades sea tan lograda y cumplida que el efecto se prolongue en el tiempo, sin que vuelvan a presentarse prematuramente. La persistencia depende mucho de qué bienes y servicios empleamos, y de cómo los consumimos. Si uno se nutre adecuadamente, si uno lee un buen libro, si se divierte de modo sano y placentero, la satisfacción se prolonga en el tiempo, liberando tiempo, recursos y energías para otros aspectos de la realización personal.

Una cuarta cualidad del buen consumo la podemos identificar con las palabras **'integralidad'**, **'equilibrio'** y **'armonía'**. Teniendo en cuenta que somos sujetos que tenemos múltiples necesidades en cada una de las cuatro dimensiones del desarrollo humano, la integralidad, el equilibrio y la armonía significan que no ponemos toda la actividad y la energía en una sola

193

o en pocas dimensiones de la experiencia y de las necesidades, sino en atenderlas todas armónicamente. La integralidad, el equilibrio y la armonía implican predisponer los bienes, el tiempo y las acciones que dedicamos a las distintas actividades, sin descuidar ninguna de las cuatros dimensiones de la experiencia humana.

Una quinta cualidad del buen consumo la podemos llamar **'jerarquización'**, y se refiere a las opciones que hacemos organizando las satisfacción de las necesidades en el tiempo, adelantando unas y dejando otras en espera del momento más adecuado. Jerarquización significa poner el proceso de satisfacción de necesidades bajo control del sujeto. Ser gestor del propio desarrollo, hacer opciones, planificar el propio proceso de consumo. Obviamente hay necesidades básicas que no podemos descuidar sino prestarles atención prioritaria. Y hay necesidades que son fundamentales y superiores por el valor que tienen en orden al desarrollo y perfeccionamiento personal y grupal, por lo que también las enfatizamos y damos mayor importancia.

Una sexta cualidad del buen consumo que llamaremos **'potenciación'**, significa que la propia satisfacción de las necesidades las perfecciona, las eleva, las energiza. Si las necesidades son energías, aquellas necesidades que nos impulsan a la realización de obras, al cumplimiento de logros, a realizar actividades creativas, las buscaremos potenciar en el proceso mismo de su satisfacción. Si nosotros satisfacemos nuestras necesidades de cultura siempre en un nivel básico nos vamos estancando; si leemos siempre el

194

mismo tipo de libros, si escuchamos siempre el mismo tipo de música, no vamos perfeccionando nuestra capacidad de apreciar las obras de arte, la literatura. Entonces nuestra necesidad se estanca. La potenciación significa buscar que el proceso de consumo desarrolle cualitativamente esas necesidades, haciendo que sean cada vez más propiamente humanas, más creativas , más autosuficientes.

Una séptima cualidad del buen consumo que llamaremos 'articulación e integración', consiste en combinar la satisfacción de distintas necesidades mediante el empleo simultáneo de diferentes bienes y servicios. Contrariamente a la tendencia a consumir un producto para cada necesidad, podemos pensar que a través de una actividad compleja se pueden satisfacer simultáneamente distintas necesidades, especialmente si esa actividad compleja se realiza grupalmente. Por ejemplo en una actividad de convivencia comunitaria es posible satisfacer al mismo tiempo necesidades de relación, de convivencia, de información, de comunicación, de alimentación, de participación, de protección y muchas otras que se cumplen simultáneamente, generando una elevada satisfacción y felicidad.

La octava cualidad del buen consumo la identificaremos con la 'cooperación y reciprocidad'. Si aspiramos a un desarrollo humano integral, a una experiencia compleja, rica, diversificada, difícilmente lo lograremos de manera individual. Individualmente tenemos la tendencia a retroalimentar ciertas direcciones de la experiencia descuidando otras. El desarrollo integral requiere la participación en colectivos, ser parte de familias y de comunidades, convivir y compartir.

En ese sentido, si uno quiere desarrollar las necesidades espirituales o satisfacer las de conocimiento, conviene encontrar personas que quieran lo mismo; si uno quiere desplegar su talento musical o deportivo, tiene que vincularse a personas que compartan esas motivaciones. Y si nos articulamos en una organización, en una experiencia humana donde se encuentren personas que destacan en diferentes cualidades, nos enriquecemos todos al ser parte de un grupo donde podemos aprender muchas cosas unos de los otros.

Es especialmente enriquecedor relacionarnos con personas autónomas, creativas y solidarias que hayan alcanzado un nivel más elevado de desarrollo personal. Un músico, un científico, crecen en la interacción con grandes músicos o científicos. Buscando la autonomía, la creatividad y la solidaridad, somos atraídos e impulsados por aquellos que han llegado más arriba o más adelante que nosotros, y esto sucede en cualquier ámbito y momento de la vida. Quienes sobreabundan en preciosas cualidades suelen compartirlas generosamente con quienes estén dispuestos a recibirlas.

Esto se relaciona con otro aspecto de la progresiva autonomización de las personas y los grupos humanos, y es que mientras una necesidad está menos desarrollada, más depende su satisfacción de lo externo. Un niño necesita que lo alimenten, que le enseñen, no desarrolla su espiritualidad por sí mismo. Podemos expresarlo de otra manera: mientras más la necesidad se expresa como carencia, como vacío (porque todavía es pura potencialidad, porque todavía no se ha actualizado), más su satisfacción depende de cosas externas y de la acción de otros. Cuando va expandiéndose la realización del sujeto, más su satisfacción de necesidades se autonomiza, y se requieren menos elementos exteriores que vengan a apagarlas.

Esto nos pone en el umbral del tema de la producción, como aspecto inherente también a la nueva economía, que trataremos en el próximo capítulo.

XXXIII.

El buen consumo hace indispensable transformaciones profundas en la producción, marcadas por la subjetivización del proceso productivo.

Conclusión de los análisis anteriores es que la mejor satisfacción de las necesidades, acceder a una superior calidad de vida, y la realización personal y grupal, no implican incrementar las compras y el consumo, ni requieren necesariamente una mayor producción. La consecuencia obvia de esto es que el buen consumo, el consumo realizador, conlleva una transformación radical de la producción, cambios profundos en dos aspectos estrechamente relacionados: en lo que se produce, y en cómo se produce.

Si se produce para la satisfacción de las necesidades y el desarrollo humano, gran parte de la actual producción, y en particular muchos bienes y servicios que satisfacen el consumismo y el consumo dependiente, imitativo y competitivo, dejarán de ser necesarios y útiles. Una nueva estructura de la producción se irá creando a medida que más personas y grupos vayan adoptando los criterios de moderación, correspondencia, persistencia, integralidad, equilibrio, jerarquización, potenciación, integración y cooperación que son propios del 'buen consumo'.

En tal sentido y en líneas muy generales, podemos prever que se expandirán la agricultura y la producción de bienes y servicios básicos, junto con la educación y la cultura, las comunicaciones y los servicios de proximidad. Podrán disminuir en cambio la minería, la industria pesada, el transporte, la industria del petróleo y sus derivados, la industria química, los servicios financieros, y la extendida producción de baratijas. Como resultado de todo ello, mejorarán conjuntamente el medio ambiente y la calidad de vida, generándose un tipo de desarrollo muy diferente al insostenible crecimiento económico actual. La economía y el desarrollo en la nueva civilización serán social y ambientalmente sustentables.

Ahora bien, no se trata solamente de un cambio en lo que se produce, sino también en los modos y en las estructuras que adoptarán las actividades productivas. Transformaciones que serán consecuencia directa, por un lado de la expansión del consumo creativo, autónomo y solidario que hemos analizado, y por otro lado, de la implementación de los valores y criterios de la organización social de la nueva civilización.

En correspondencia con las nuevas formas del consumo, viviremos un proceso de potenciamiento de las capacidades de producción de las personas, de las familias, de las comunidades y de los grupos locales. Vimos, en efecto, que el 'buen consumo' conduce a las personas y a las comunidades desde la dependencia hacia la autonomía. Esto es un proceso, y en realidad la autonomía se hace posible una vez alcanzado cierto nivel de desarrollo personal. Lo podemos comprender mejor con un ejemplo. Si uno no ha leído nunca un libro, la motivación para hacerlo y el aprendizaje de la lectura deben llegarle desde fuera. Pero cuando uno se convierte en un lector, ya nadie tiene que motivarlo a que lea, y por sí mismo busca libros, necesita leer, e incluso puede llegar a escribir sus propias narraciones y pensamientos, ofreciéndolas a otros. Lo mismo pasa con cualquier actividad o trabajo: **podemos pasar progresivamente desde la dependencia a la autonomía y desde la autonomía a la solidaridad, en la medida que desarrollamos las capacidades implicadas en la actividad o trabajo que realizamos**.

Son la pobreza, la inseguridad, la carencia de capacidades, la falta de relaciones, la ausencia de convicciones, lo que hacen tan apreciada la adquisición de cosas y el recurso a servicios externos. Pero cuando se alcanza cierto nivel de desarrollo personal nos hacemos más autosuficientes, menos necesitados de bienes y servicios exteriores. Si alguien tiene un buen desarrollo personal, una riqueza de personalidad, es muy probable que necesite comprar menos bienes y servicios, no porque haya apagado sus necesidades sino porque las satisface más autónomamente, y porque el sujeto pone mayor dedicación a aquellas dimensiones de la experiencia en las cuales es capaz de autogenerar proyectos y satisfactores por su cuenta.

En esta dirección podemos ver que en la nueva economía debieran experimentar un gran desarrollo el trabajo autónomo y asociativo, la autoproducción, los procesos de desarrollo local. Junto con ello se dará una más directa relación entre el consumo y la producción, incluyendo una mayor autonomía alimentaria y energética a nivel local y nacional. Todo esto es parte del crecimiento en autonomía, en creatividad y en solidaridad de las personas, las familias, las organizaciones y las comunidades.

Si en la economía moderna son pocos los empresarios y muchos los trabajadores dependientes, en la nueva economía nos orientaremos todos a ser emprendedores, creativos, autónomos y solidarios. En tales condiciones, muchas empresas serán creadas mediante la libre asociación entre personas que poseen distintos y complementarios recursos y capacidades, que cooperan en la realización de los objetivos económicos que comparten. Cuando las empresas se constituyen de este modo, no es posible que en ellas se instauren la explotación y el dominio, ni el enriquecimiento de unos pocos a costa del esfuerzo y el sacrificio de muchos. Esas nuevas unidades productivas se forman, organizan y operan con los criterios de justicia y equidad que caracterizan a la economía solidaria, que llamamos también **economía de solidaridad, de trabajo y de comunidad**.

Yendo más a fondo, encontramos que una de las cualidades fundamentales que asumirá la economía en la nueva civilización es la **subjetivización** de la producción, una cualidad que podemos comprender en todo su significado desde la nueva estructura del conocimiento y de las ciencias de que hemos hablado en presentaciones anteriores,. La subjetivización a que nos referimos, es el resultado natural del hecho de

201

poner al sujeto humano y su realización, no sólo como el fin de la economía que se cumple en el proceso de consumo, sino también en el origen y como fuente del proceso de producción de los bienes y servicios económicos.

En la economía moderna, capitalista y estatista, los recursos y factores productivos son considerados en su objetividad exterior, y son de hecho tratados como cosas, o como fuerzas productivas puramente materiales, cuantificables y medibles en términos monetarios. Sólo el trabajo pretende y en parte logra conservar algunas de sus cualidades personales, pero es igualmente objeto de contratación y tratado en su materialidad, como 'mano de obra'.

En la nueva economía los recursos y factores productivos son reconocidos – desde una nueva ciencia comprensiva de la diversidad, de la subjetividad y de los valores - en su condición de energías e informaciones humanas, implicando toda la subjetividad que contienen.

La fuerza de trabajo es la capacidad de hacer obras mediante la aplicación de las energías corporales y mentales de los trabajadores; es ejercicio de las manos, de la conciencia y de la voluntad.

La tecnología no está en los artefactos técnicos, donde se objetiva, sino que más allá de ellos, reside en la capacidad de invención, innovación y solución de problemas que poseen las personas reconocidas por sus conocimientos teóricos y sus saberes prácticos.

La gestión es la toma de decisiones por parte de las personas responsables de las organizaciones y sus procesos.

El financiamiento es la capacidad de obtener crédito que tienen los sujetos sobre la base de su confiabilidad para cumplir los compromisos que asumen.

Incluso los medios materiales y los insumos tienen una dimensión subjetiva, en cuanto implican su cuidado, su mantención, su control y su empleo por parte de los sujetos.

Y obviamente es subjetivo el que llamamos Factor C o factor comunitario, que se constituye en la unión de conciencias, voluntades y emociones tras objetivos compartidos en un grupo humano.

Desde el momento que todos esos 'factores productivos' ya no se presentan como cosas sino que son concebidos y reconocidos como acciones realizadas por sujetos, las unidades económicas, las empresas donde operan, se configuran como una organización de sujetos activos, y su proceso productivo es entendido y organizado como coordinación de un conjunto coherente de actividades.

En tal sentido, **crear y desarrollar una empresa no es tanto combinar y organizar una serie de factores objetivados, sino desplegar una serie de acciones humanas, conjugar una serie de verbos: el 'hacer' de los trabajadores, el 'saber' de los tecnólogos, el 'decidir' de los gestores, el 'creer' de los**

203

financiadores, el 'tener' de los aportantes de medios de producción, y el 'unir' de la comunidad.

La producción así concebida y realizada, orientada al 'buen consumo', y organizada de estos modos creativos, autónomos y solidarios, requiere sostenerse en el tiempo, reproducirse. Esto nos lleva a plantearnos otras importantes cuestiones que iremos examinando en las próximas presentaciones.

XXXIV.

Se pregunta: ¿existirán el mercado, el dinero y las ganancias en la nueva economía?

Al constatar las injusticias e inequidades que se producen en el mercado, la excesiva importancia que ha adquirido el dinero, y la exacerbación de la búsqueda de las ganancias en las empresas y por las personas, muchos han imaginado la posibilidad y la conveniencia de una economía que funcione sin dinero, sin mercado y sin fines de ganancia. ¿Será acaso que el mercado, el dinero y la ganancia no debieran quedar en la Nueva Civilización?

El análisis de las causas de las injusticias, inequidades y distorsiones morales de la economía moderna, y la reflexión sobre los modos de organizar la distribución de la riqueza, la producción y el consumo en una sociedad justa y solidaria, nos llevan en otra dirección, que no es la de pensar y postular una economía sin mercado, sin dinero y sin ganancias. Comencemos pensando en el mercado.

Ante todo hay que asumir que el mercado no es una invención del capitalismo ni se identifica con éste, sino que existe prácticamente desde los comienzos de la historia, estando presente en todas las grandes civilizaciones. La verdad es que el mercado existe porque nadie, ninguna persona, familia, comunidad ni país, es autosuficiente para proveerse de todo lo que

205

necesita; y porque las capacidades y recursos se encuentran distribuidos social y geográficamente, razones por las cuales se hace necesario intercambiar recursos, bienes y servicios entre las distintas personas, familias, organizaciones, comunidades y países. En realidad, el mercado es una expresión del hecho que nos necesitamos unos a otros y que trabajamos unos para otros.

Las familias, las comunidades y los países, no somos islas independientes ni desconectadas. El mercado es una de las formas en que nos relacionamos los individuos y los grupos humanos en función de satisfacer nuestras necesidades, y de hacer más eficiente el uso de las capacidades y de los recursos disponibles, que se encuentran diseminados socialmente y dispersos en distintas regiones del mundo,

En tal sentido, el mercado es integrador de la sociedad. Y en el marco de los intercambios, operando en el mercado, cada persona, comunidad, organización y país, cada uno con sus recursos y capacidades, y produciendo bienes y servicios para satisfacer las necesidades de otros, los individuos, las organizaciones y las comunidades desplegamos y acrecentamos nuestra creatividad, autonomía y solidaridad

Entonces el problema, lo que genera las inequidades y explotaciones, no es el mercado en cuanto tal, sino, en la actualidad, su configuración capitalista y estatista. En especial la especulación financiera, donde se generan y reproducen procesos de enriquecimiento por fuera de toda actividad económica útil.

Aparece entonces la interrogante por el dinero. ¿Estará el dinero en el origen de los males? ¿Será que las distorsiones que llevan a la concentración de la riqueza y a la expansión de la pobreza derivan del empleo del dinero en el mercado? De hecho, hay quienes creen en la necesidad de volver al trueque, a la reciprocidad y al intercambio sin dinero, como formas de llegar a una economía humana y socialmente justa.

Pero no es el dinero la causa de las injusticias sociales, aunque podemos identificar en su modo de circulación capitalista y estatista el origen de muchísimos problemas e inequidades. En realidad el dinero es uno de los más grandes inventos de la humanidad, que ha estado siendo perfeccionado durante siglos, y que tiene una utilidad inmensa.

Si bien los actuales movimientos que propician el trueque y la reciprocidad sin dinero realizan experiencias valiosas por la solidaridad, creatividad y autonomía que enseñan, lo cierto es que el trueque presenta serios problemas de eficiencia y de justicia: es difícil de realizar, porque exige cada vez la coordinación empírica de las decisiones de cada oferente con las de cada demandante; no permite intercambiar bienes físicos más allá de ciertos espacios reducidos; y suele ser injusto, porque no tiene un mecanismo de medición del valor de los bienes y servicios que se intercambian.

El dinero resuelve estos problemas al cumplir funciones socialmente necesarias: Sirve como unidad de medida del valor de los factores, bienes y servicios económicos. Es un medio de cambio universal, que facilita la coordinación de las decisiones de los participantes en el mercado. Y entrega información importante para tomar decisiones a través del sistema de precios.

Y hay otros problemas que el dinero resuelve. Los individuos y las sociedades necesitamos asegurar el futuro y hacer reservas de recursos y bienes para cuando los necesitemos. Pero acumular recursos y bienes físicos (trigo, ladrillos, etc.) sería muy ineficiente, pues las cosas se dañan, pierden valor, se las roban. El dinero viene, entonces, a cumplir la función de servir como medio de reserva y acumulación de valor, a través del ahorro, que nos permitirá acceder a bienes que necesitemos en el futuro en base a la riqueza producida en el pasado y en el presente. Y además, mediante el préstamo y el crédito, permite coordinar en el tiempo las decisiones de los distintos agentes económicos , haciendo que lo que unos ahorran hoy (para gastar mañana) esté disponible para quienes lo necesitan hoy pero que sólo podrán pagarlo después.

Ahora bien, de manera similar a lo que ocurre con el mercado, la organización y el funcionamiento capitalista del dinero lo distorsiona, afectando negativamente todas y cada una de sus funciones, con la consecuencia de gravísimas injusticias y desequilibrios. Cuestión que nos conduce al tema del lucro, de la ganancia.

En efecto, la obtención de utilidades o ganancias, conocida también como lucro, ha sido cuestionada por quienes quieren una economía justa y equitativa, proponiendo como solución una economía, empresas y actividades económicas 'sin fines de lucro' o ganancia. Pues se observa que es en la ganancia que obtienen los empresarios, los especuladores y otros agentes económicos, el origen del enriquecimiento de algunos y del empobrecimiento y marginación de muchos.

Pero también sobre la ganancia debemos decir que no es, por sí misma, la causa de los desequilibrios e inequidades económicas y sociales. Generar utilidades y ganancias consiste en que a través de la actividad económica se genera valor, esto es, que el producto de la actividad, o sea los bienes y servicios producidos, valen más que los recursos y factores empleados en su producción. En otras palabras, los *outputs* de la actividad económica son mayores que los *inputs*, o más sencillamente, los beneficios son mayores que los sacrificios.

La actividad económica crea valor, siendo la utilidad o ganancia la diferencia entre el valor de los insumos y el valor de los productos. Si no hubiera beneficio y creación de valor, la actividad económica sería simple reproducción de lo existente, no habría razón para la creatividad y la innovación, y la vida se desplegaría en el estancamiento.

Nuevamente, el problema no es la ganancia, sino el modo capitalista en que se produce y en que se distribuye el valor económico generado.

Entonces, tenemos que identificar exactamente dónde está el origen de las dirtorsiones que ha experimentado el mercado, el dinero y la ganancia en la economía moderna, y luego descubrir los modos nuevos en que puedan organizarse - el mercado, el dinero y las ganancias - en la economía de la nueva civilización.

Son las cuestiones que abordaremos en los próximos capítulos. Pero antes de pasar a ellos saquemos en éste una importante y crucial conclusión: **muchas de las ideas centrales y más difundidas sobre la economía que han circulado entre quienes han luchado y luchan por una sociedad más justa, solidaria y equitativa, no han estado fundadas en una comprensión certera del mercado, del dinero y de las ganancias.** Y en consecuencia, cuando se ha postulado que una buena economía ha de ser una economía *non profit*, sin mercado y sin dinero, se ha equivocado la meta, o el tipo de economía por construir.

Ello ha sido causado por no haberse accedido a la autonomía en la crítica del presente y en la concepción del cambio necesario, que se han mantenido en los planos subordinados de la separación y del antagonismo respecto al capitalismo y al estatismo. Desde una nueva estructura del conocimiento, desde una teoría económica comprensiva, tendremos que elaborar un nuevo proyecto para la economía buena, propia de una nueva y superior civilización.

XXXV.

¿Cómo serán el dinero y el sistema financiero en la nueva civilización? Dineros comunitarios, nacionales y global.

El mercado capitalista es injusto, desequilibrado e inequitativo porque la riqueza y el poder se encuentran altamente concentrados. El poder y la riqueza ponen a quienes los poseen en condiciones de realizar intercambios desiguales, dando siempre menos de lo que reciben, lo que implica ganancias injustificadas, conlleva la concentración de la riqueza y el poder en pocas manos, y genera pobreza, marginación y exclusión de amplios grupos sociales.

La concentración de la riqueza y del poder se originan y se acrecientan en la medida que las ganancias económicas se realizan a costa de los trabajadores y de los consumidores, y van predominantemente a remunerar al capital y al Estado. En las empresas capitalistas el capital se apropia de las ganancias directamente, y luego el Estado y sus burocracias lo hacen indirectamente, fijando elevados impuestos al consumo y a las rentas de las personas y de las empresas. Y más allá de esas ganancias que se generan en el proceso de producción y distribución, se verifican ganancias extraordinarias que van a los bancos y a los especuladores, debido al modo en que el dinero es emitido y circula en la sociedad actual.

El dinero lo emite el Estado y los bancos lo reproducen y amplían, haciéndolo circular en grandes y crecientes proporciones por fuera de los procesos de producción y de consumo a los que el dinero debiera servir. Controlando el monopolio de la emisión del dinero, los Estados lo emiten a menudo inorgánicamente, generando procesos inflacionarios que implican que el Estado emisor se apropia de una porción del valor del dinero circulante. Además, en la medida que el dinero se presta a tasas de interés elevadas, su sola posesión proporciona elevadas ganancias en cuanto se genera una secuencia de actividades y procesos de especulación financiera, que implican una elevada y creciente apropiación de la riqueza producida en la economía real.

Las cuestiones que debemos plantearnos para superar estos problemas e inequidades son, entonces: 1. Organizar un modo justo de creación y circulación del dinero; 2. Estructurar una economía en que las ganancias correspondan a sus legítimos productores y no se realicen a costa de terceros; y 3. Construir un mercado en que los intercambios se realicen con equidad y eficiencia, sin generar el enriquecimiento de algunos a costa de los demás.

Todo ello requiere transformaciones profundas tanto a nivel del pensamiento y la ciencia económica como de la organización y funcionamiento práctico de la economía.

Ante todo, la necesidad de organizar un sistema monetario en que el dinero no se deprecie por inflación, ni escasee por una tasa de interés que supere lo estrictamente necesario. Para ello se requiere crear un sistema financiero en que los ahorristas no pierdan el valor de sus ahorros, pero tampoco lo aumenten por el solo hecho de poseer dinero, y en que los créditos se otorguen a una tasa de interés que alcance para remunerar el servicio financiero y cubrir los riesgos, pero que no dé lugar a procesos especulativos por circular independientemente de la producción y del consumo. En tales condiciones el dinero cumplirá sus cinco importantes funciones con plena eficiencia y justicia.

Debemos entonces preguntarnos: ¿cómo deben ser el dinero y el sistema financiero en la nueva civilización? Será necesario ante todo un cambio en cuanto a los emisores del dinero. Actualmente los Estados ejercen el monopolio de la emisión de dinero; dinero que canalizan y ponen en circulación a través de los bancos organizados por el capital. Ello corresponde, obviamente, a esa estrecha asociación que mantienen en la sociedad moderna el capital y el Estado, que se sostienen y se condicionan mutuamente.

Pues bien, en la nueva civilización, en correspondencia a los procesos de surgimiento de las instancias locales por un lado, y de la unidad planetaria por el otro, veremos surgir por un lado una pluralidad y multitud de dineros locales y comunitarios, y por el otro lado, la creación de una moneda universal en la que se realizarán los intercambios a nivel internacional y global.

Las monedas locales y comunitarias serán capaces de organizar los intercambios al interior de grupos humanos organizados cooperativa y solidariamente, en los cuales se valorizarán y asignarán los recursos disponibles localmente, y se distribuirán los bienes y servicios producidos en función de las necesidades que puedan ser satisfechas a nivel de las organizaciones intermedias.

La moneda única mundial servirá para organizar y realizar el comercio internacional, superando la actual situación imperialista en que pocos Estados muy poderosos controlan el sistema financiero mundial, e imponen a los países menores términos de intercambio desiguales y tipos de cambio que favorecen inevitablemente a los Estados emisores de las divisas internacionales.

Como consecuencia del surgimiento de los nuevos emisores, comunitarios por un lado y mundial por el otro, las monedas nacionales podrán continuar sirviendo para el comercio y las finanzas al interior de los Estados que reconozcan dichas monedas; pero tales monedas nacionales deberán igualmente experimentar cambios decisivos, para evitar los nefastos fenómenos de la desvalorización y la inflación que los han caracterizado a lo largo de toda la época moderna.

Organizar la creación de estos distintos dineros y su circulación a través de correspondientes sistemas financieros, de manera tal que cumplan correcta y eficientemente las cinco grandes funciones mencionadas, es un asunto técnico no difícil de determinar. En efecto, ello se logra mediante un conjunto relativamente sencillo de criterios y normas que garanticen contra las emisiones inorgánicas y la

214

inflación, que establezcan montos de emisión y tasas de interés acordes con las exigencias de la economía real, y que impidan la especulación financiera. Con tales criterios y normas, la producción y el consumo no estarían obligados a crecer, como ocurre actualmente, sólo para satisfacer las exigencias del sistema financiero, en vez de orientarse hacia la satisfacción de las necesidades humanas.

Pero una cosa es identificar y conocer los criterios y normas de un sistema monetario y financiero justo y eficiente, y otra cosa es poder implimentarlo en la práctica. En efecto, establecer esos criterios y normas que regulen la creación y circulación del dinero en la nueva economía sólo es posible si en torno a ellos se alcanzan acuerdos informados, libres y consensuados entre los sujetos económicos que han de participar en los correspondientes circuitos, o sea en los niveles correspondientes a la circulación de las monedas locales y comunitarias, de las monedas de circulación nacional, y de la moneda única mundial para el comercio y las finanzas internacionales.

Esos acuerdos participativos, informados y consensuados son indispensables, porque en último término el dinero se funda en la confianza y la credibilidad que proporciona a quienes lo emplean como unidad de medida, como medio de cambio, como medio de ahorro, como crédito y como medio de organización de la actividad económica en el tiempo.

Cada una de estas indispensables e importantes funciones económicas se basa en la confianza y en la credibilidad que genera el dinero entre quienes lo

215

utilizan, y esa confianza y credibilidad sólo puede obtenerse de modo efectivo y estable cuando quienes lo emplean conocen exactamente cómo se emite, cómo circula, en qué cantidades, y cuáles son las condiciones en que lo emplean los distintos actores de la economía; pero no solamente conocen todo aquello, sino que han participado y acordado libre y conscientemente la regulación que rige, garantiza y controla el cumplimiento de esos criterios, normas y regulaciones.

Cuando la economía disponga de los tres tipos de dinero señalados -locales, nacionales y mundial-, y ellos operen de tal modo que cumplan adecuadamente sus funciones, desaparecerá una de las causas más importantes de las inequidades que vemos en las economías capitalistas y estatistas. Los intercambios entre las personas, entre las empresas y entre los países, no estarán distorsionados por la especulación financiera ni por tipos de cambio abusivos.

Procesos iniciales que apuntan en esta dirección se están realizando actualmente. A nivel local y comunitario existen experiencias de creación de las llamadas 'monedas complementarias', que son un inicio real de la creación del nuevo sistema monetario y financiero de nivel local. No siempre estas experiencias se organizan con los criterios y normas adecuados para operar con eficiencia; pero en el proceso de experimentación y reflexión sobre las experiencias mismas se va dando el necesario proceso de aprendizaje, que conducirá progresivamente a perfeccionar su funcionamiento.

Por otro lado, cada vez son más las voces que claman por la creación de una moneda mundial que opere como divisa en el comercio y las finanzas internacionales, así como procesos que van perfeccionando en algunos países la emisión y circulación de las monedas nacionales.

Pero son solamente los comienzos de transformaciones que deberán ser muy profundas, y que continuaremos examinando en el próximo capítulo.

XXXVI.

¿Qué son, cómo se producen y cómo se reparten las ganancias en una economía justa y solidaria?

Afirmamos que una de las causas de la concentración de la riqueza y de la inequidad en la economía moderna radica, no en el hecho que se produzcan ganancias y utilidades, sino en la cuantía de esas ganancias, en el modo en que se generan, y en las formas en que se reparten. En la nueva economía las utilidades y ganancias se producirán de otro modo, y se repartirán de manera justa y solidaria. Para comprender tanto lo que ocurre en la economía actual como lo que podemos concebir para una nueva economía, debemos hacer un análisis de lo que es el valor, y de cómo se crea el valor en la economía.

Partimos de la base que los bienes y servicios tienen un 'valor de producción', dado por las energías e informaciones implicadas en su producción. Este 'valor de producción' de los bienes y servicios tiene dos componentes: uno es el valor de los factores productivos que se transfieren al bien o servicio al producirlo, y que es el costo, esfuerzo o sacrificio que asumen los sujetos que participan en la producción; el otro componente es el valor creado por la actividad misma de producir el bien o el servicio. Como ha habido creación de valor, el producto 'vale' algo más de lo que cuesta su producción. Es porque realizan alguna 'creación de valor' que se justifica que los

218

productores se esfuercen en realizar la actividad productiva.

Ambos componentes del 'valor de producción', han sido 'puestos' en los bienes y servicios por la actividad de todos los sujetos que han participado en su producción. Así, cualquier bien o servicio producido contiene algo del 'hacer' de los trabajadores, del 'saber' de los técnicos, del 'tener' de los que aportaron los medios materiales, del 'decidir' de los gestores, del 'creer' de los financiadores, y del 'unir' de la comunidad productiva.

A través de todas esas actividades los sujetos traspasan a los productos ciertas energías e informaciones que estaban antes en ellos, entendidos como fuerzas o factores productivos; pero lo que ocurre no es un simple traspaso de valor 'a suma cero' (en el sentido que lo que estaba antes en los factores sea equivalente a lo que se establece luego en los productos), sino que además de ello, con esas actividades se crea nuevo valor, que también recae y queda en el producto. Tenemos, en síntesis, que el valor de un producto - su 'valor de producción' -, es el resultado de las energías e informaciones que los que participan en la producción gastan y sacrifican al producirlo, más el valor que ellos mismos han creado mediante la actividad productiva.

Así constituido el 'valor' en la producción, ése valor se transfiere a los consumidores, que usan o emplean los bienes y servicios para satisfacer sus propias necesidades. En manos de los consumidores, los productos adquieren un 'valor de uso', que consiste en

219

la utilidad que les prestan o que pueden extraer de las energías e informaciones de los bienes y servicios al utilizarlos para satisfacer sus necesidades.

Ahora bien, cuando la producción y el consumo de los bienes y servicios son realizados por la misma persona o grupo, el 'valor de producción' y el 'valor de uso' se compensan naturalmente, en cuanto los mismos productores del valor lo utilizan en su propio beneficio. Es lo que ocurre en la producción para el auto-consumo.

Pero si los productores y los consumidores son sujetos distintos, se hace necesario que entre ellos se realice un intercambio: los consumidores deben compensar a los productores por el valor que les han proporcionado con los productos y servicios. Es lo que ocurre normalmente en el mercado, donde se establece un intercambio entre productores y consumidores, empleándose el dinero como unidad de medida del valor y como medio de cambio universal. La cantidad de dinero en que se hace el intercambio suele llamarse 'valor de cambio'.

Para que el intercambio se realice es necesario que ambos participantes, el productor y el consumidor, perciban que el valor de lo que reciben corresponde al valor de lo que entregan, y que se beneficien ambos al hacer el intercambio. En efecto, el productor transfiere el producto sólo si siente que el 'valor de cambio' (que recibe) corresponde al 'valor de producción' (que entrega), o sea, le compensa por el costo asumido y por el valor que ha creado. A su vez el consumidor paga el 'valor de cambio' sólo si percibe que corresponde al 'valor de uso' que para él tiene el producto, o sea que el beneficio o utilidad que le proporciona el producto le compensa por lo que paga por él.

Esta ecuación entre 'valor de producción', 'valor de cambio' y 'valor de uso' no se altera en lo esencial si entre los productores y los consumidores operan intermediarios comerciales; porque la intermediación es también un servicio que se presta tanto al productor como al consumidor, cuyo valor tienen que compensar, de modo que tanto el intermediario como el productor y el consumidor se benefician.

Tampoco cambia la ecuación cuando el que compensa al productor pagando el 'valor de producción' no sea el consumidor sino el Estado u otro sujeto que por benevolencia u otra razón cualquiera haga llegar 'el valor de uso' del bien o servicio al beneficiario. Lo que ocurre en este caso es que el productor obtiene el 'valor de producción' y el consumidor obtiene el correspondiente 'valor de uso', siendo el 'valor de cambio' asumido por el Estado, o por un tercero benefactor. Se trata, en último análisis, de otra forma de intermediación entre productores y consumidores, que también tiene un valor que alguien paga.

En cualquiera de los casos, lo justo es que el 'valor de producción', el 'valor de uso' y el 'valor de cambio' se equivalgan, pues cuando se equivalen, la ganancia del productor corresponde al valor que él mismo ha creado en la actividad productiva. Pero en la práctica la ecuación puede distorsionarse en 3 sentidos posibles:

221

1.   Que el 'valor de cambio' sea mayor que el 'valor de producción', lo que implica que el productor obtiene ganancias injustificadas a costa del consumidor, que paga más de lo que vale el producto.

2.   Que el 'valor de cambio' sea menor que el 'valor de producción', lo que implica que es el consumidor quien obtiene ganancias injustificadas a costa del productor, que obtiene por el producto menos de lo que vale.

3.   Que el intermediario – de cualquiera de los tipos indicados - se apropie de una porción de valor mayor que la que le corresponde por su servicio, perjudicando tanto al productor (que recibe menos) como al consumidor (que paga más) de lo que les corresponde.

Además de éstas, hay otra causa de gravísimas distorsiones, y tiene una explicación distinta. Las ganancias, que son la expresión del valor que se ha creado en la producción, son el resultado de la acción conjunta de todos los sujetos o factores que intervienen en la producción. Entonces lo justo es que cada sujeto o factor que participa en la creación de valor, participe igualmente del resultado y reciba, de modo que el valor que han creado entre todos se reparta en proporción a lo que cada uno ha realizado y aportado. Pero si uno de los sujetos que participan en la producción recibe más de lo que aporta, se estará apropiando de alguna parte de lo que corresponde a los otros participantes.

Esto es precisamente lo que sucede en la economía capitalista, en que los que aportan el capital se apropian de un porcentaje muy alto del 'valor de producción', a costa de las personas que aportan otros factores, especialmente a costa de los trabajadores y de la comunidad o Factor C, que reciben menos de lo que ha sido su contribución.

La causa de esta apropiación es que en la economía capitalista las empresas se constituyen de modo que los capitalistas – los dueños del factor financiero y de los medios materiales de producción son los titulares de empresas que obtienen todas las ganancias que se generan, mientras que los aportantes de los factores trabajo, tecnología, gestión y Factor C –, no siendo parte de la empresa sino externos a ellas, contratados por valores fijos, no participan en las ganancias que contribuyen a generar.

En una economía justa y solidaria, las empresas se organizan mediante la asociación y cooperación entre todos los sujetos aportadores de factores, esto es, entre todos los que realizan las diferentes actividades implicadas en la producción. Todos tienen derecho a participar en las ganancias que se obtengan como expresión del valor creado entre todos. Y las ganancias se distribuirán entre todos ellos, conforme a criterios consensuados, que impliquen que cada uno reciba el pago que le corresponde por sus aportes de factores y por lo que haya contribuido a la creación de valor.

Ahora bien, que la ganancia sea justa y se distribuya con equidad, y que el 'valor de producción', 'el valor de cambio' y el 'valor de uso' se equivalgan, depende no solamente de la forma en que se organizan las

223

empresas, sino también y fundamentalmente de cómo se encuentre estructurado el mercado. Es lo que veremos en el próximo capítulo.

XXXVII.

¿Es posible un mercado justo y solidario? ¿Qué es un mercado democrático? ¿Cómo puede democratizarse el mercado?

Vimos que el mercado es una necesidad: sin el mercado las personas y las comunidades no podrían subsistir ni desarrollarse. Afirmamos también que el mercado es un hecho social, que existe porque los individuos, las comunidades y los países nos necesitamos unos a otros, y porque trabajamos unos para otros. Para participar en el mercado es preciso "hacernos útiles" para los demás, sea mediante nuestro trabajo, sea proporcionando bienes y servicios, sea proveyendo informaciones y poniendo a disposición nuestro "saber hacer" y nuestras capacidades organizativas y emprendedoras.

Ahora bien, el mercado nos une, pero también nos separa y nos hace entrar en conflicto. En el mercado se manifiesta nuestra naturaleza social, pero también nuestra individualidad, nuestros intereses personales y nuestro egoísmo. En efecto, el mercado se constituye en los intercambios; y en los intercambios nos presentamos unos frente a otros poseyendo algo que estamos dispuestos a ofrecer, y buscando algo que tienen otros. Cambiamos algo por algo, y en esa relación de intercambio, cada cual pretende obtener lo más posible

225

a cambio de entregar lo menos posible. Así, en el mercado nos relacionamos y nos ponemos de acuerdo, pero poniéndonos unos frente a otros teniendo intereses distintos y a veces contrapuestos.

Ahora bien, como el intercambio se verifica cuando ambas partes quedan conformes en lo que entregan y reciben- de lo contrario no se efectúan las recíprocas transferencias -, podría suponerse que en las relaciones de intercambio las partes se transfieren activos de igual valor; que en el mercado "se intercambia equivalente por equivalente". Esta sería la situación en que el 'valor de producción', el 'valor de cambio' y el 'valor de uso' se equivalgan.

Pero sabemos y vimos que en la práctica no es así, y que en los intercambios ocurre muchas veces que unos ganan y otros pierden. ¿Por qué sucede esto? Por la sencilla razón de que en las relaciones de intercambio los sujetos hacen pesar su poder de mercado, su fuerza de contratación. Este "poder" está dado por un conjunto de elementos, entre los cuáles cabe destacar los conocimientos y el acceso a la información, las capacidades de negociación, la diferente intensidad con que cada cual necesita lo que el otro posee, las diferencias en la riqueza que tiene cada uno, las capacidades de convencer y de engañar, etc.

Esas diferencias de poder dan lugar a tendencias a la concentración de la riqueza en el mercado. En efecto, si las relaciones de intercambio no son entre equivalentes sino desiguales, ganando el poderoso sobre el débil algo en cada precio que se fija, el resultado es que el poder y la riqueza se concentran constantemente, al mismo tiempo que la pobreza relativa se acentúa.

Cabe preguntarse, ahora, acaso necesariamente deba de ser así; o más exactamente, ¿bajo qué condiciones el mercado podría funcionar sin acrecentar las desigualdades existentes?

Los economistas han dado esta respuesta: si el mercado funcionase bajo las condiciones de la "competencia perfecta". En efecto, allí donde los sujetos económicos no tengan "poder de mercado", donde exista igualdad de oportunidades para todos, plena transparencia de información, libre acceso (o sea que no existan trabas al ingreso de nuevos actores a cualquier rubro de actividad), atomización de los participantes (esto es, que todos los participantes sean pequeños, sin que nadie monopolice alguna actividad), flexibilidad y plena movilidad (que los participantes puedan desplazarse desde cualquier actividad a cualquiera otra, sin fronteras que obstaculicen los movimientos), sólo entonces los intercambios serán entre equivalentes y nadie podrá obtener ganancias indebidas a costa de otros.

Pero tales condiciones de la "competencia perfecta" no existen más que en los modelos teóricos. En realidad, el mismo concepto de 'competencia perfecta' se basa en una errónea comprensión de lo que es el mercado, pues lo concibe como un "mecanismo automático" que funciona independientemente de la voluntad de las personas. Pero el mercado no es eso, sino resultado de la actividad de los individuos y de los grupos, de las decisiones más o menos conscientes y voluntarias de los agentes económicos, que ponen en él sus intereses y pasiones, sus egoísmos y su generosidad, sus pequeñeces y sus grandezas, sus capacidades y sus limitaciones, sus poderes y sus debilidades. En el mercado las personas y todos los agentes económicos compiten, luchan entre sí, buscando cada uno alcanzar una participación mayor en la riqueza. Para lograrlo se organizan, forman alianzas, ejercen influencias sobre el poder político, usan los medios de comunicación, hacen publicidad engañosa, controlan y subordinan a las personas, etc. Todo lo contrario de un "mecanismo automático", el mercado es una 'correlación de fuerzas sociales'.

Por todo eso los mercados pueden encontrarse estructurados con mayores o menores niveles de competencia o de control monopólico, con grados diferentes de concentración o de dispersión del poder, y ello es lo determinante a la hora de precisar los grados de equidad y justicia que exista en ellos. Siendo el mercado construido socialmente y reflejando la relación histórica de fuerzas sociales, el mercado puede estar organizado más o menos democráticamente. Puede ser democrático u oligárquico, según el grado de concentración o de diseminación social del poder que exista en la sociedad. Es por esto que decimos que la "competencia perfecta" es un concepto incorrecto, en cuanto descuida el hecho fundamental de que siempre los sujetos que participan en el mercado tienen algún poder que hacen pesar en los intercambios.

En cualquier caso, es fácil comprender que lo que más se aproxima a la condición teórica de la 'competencia perfecta' es lo que hemos definido como "**mercado democrático**", o sea, una organización económica en

228

que el poder y la riqueza se encuentren socialmente distribuidos, diseminados por toda la sociedad, y donde nadie pueda hacer pesar poderes monopólicos o altamente concentrados.

Cuando el mercado es democrático las ganancias de los distintos agentes económicos tienden a coincidir con sus esfuerzos y sus aportes a la creación de valor; los consumidores pagan precios justos por los bienes y servicios; los trabajadores obtienen el valor de lo que producen; no existe explotación de unos por otros. A su vez, si así, con equidad y justicia se generan y distribuyen las ganancias, el mercado refuerza su organización democrática.

Del mismo modo, para que el mercado sea democrático es indispensable que se den las condiciones para que el dinero - los tres tipos de dinero necesarios - cumplan cabalmente sus cinco importantes funciones, sin distorsión. Y si así se crean y circulan los dineros, el mercado refuerza su funcionamiento democrático.

Concluimos entonces, que una economía nueva y justa requiere un mercado democrático; construirlo es parte fundamental de la creación de una nueva civilización. El proyecto no es de una economía sin mercado, sin ganancias y sin dinero, sino una economía con un mercado justo, ganancias legítimas y justamente distribuidas, y dineros eficientes no distorsionados. Llegar a ello es un proceso, como proceso es toda la creación de una nueva civilización. La tarea es, entonces, a este nivel, la democratización progresiva del mercado.

Democratización del mercado que implica avanzar por un camino que puede concebirse como la creación práctica de los supuestos teóricos de un mercado democrático: establecer una verdadera igualdad de oportunidades; hacer transparente la información y desarrollar la capacidad de comprenderla y de utilizarla; eliminar las trabas al acceso a los recursos, bienes y servicios; permitir la plena flexibilidad y movilidad de los participantes en el mercado; reducir el poder de los grandes y facilitar la actividad de los pequeños: organizar empresas asociativas en que la ganancia sea justamente realizada y distribuida; y crear dineros locales, nacionales y mundial que cumplan las condiciones que los hagan funcionar con eficiencia y equidad.

Pero aún hay más que comprender y proyectar para una nueva y mejor economía. Porque aunque el mercado, el dinero y las empresas funcionen perfectamente, aún quedan problemas económicos que afrontar. Lo veremos en el próximo capítulo.

XXXVIII.

El papel del Estado y de la economía de solidaridad, trabajo y comunidades. ¿Cuánto mercado, cuánto Estado y cuánta economía solidaria?

La democratización del mercado, con todo lo que vimos que implica, es lo más importante para que la distribución de la riqueza sea justa y equitativa. Pero el mercado, por más democrático y justo que sea, no resuelve todos los problemas. Hay básicamente dos grandes problemas económicos por los cuales el mercado, aunque funcione de modo plenamente democrático, no es suficiente, y se requiere la acción de otros dos grandes sectores y circuitos de distribución económica, que son la economía pública y estatal, y la economía solidaria y de comunidades.

Un primer problema y asunto que el mercado y los intercambios no pueden por sí mismos resolver, es que, como en el mercado se accede a los recursos y a los bienes y servicios mediante los intercambios, en el mercado se participa en la medida de lo que se tiene, y quien no tiene nada o tiene muy poco para ofrecer, no puede alcanzar por su intermedio los bienes y servicios necesarios para subsistir y satisfacer sus necesidades básicas. Es así que quedan fuera del mercado quienes no poseen activos y bienes que intercambiar, o que si los poseen no encuentran demanda por parte de otros que estén dispuestos a pagar por ellos. Así, existe una proporción de personas y grupos sociales que quedan excluídos del mercado: los más pobres, los huérfanos, los ancianos, los discapacitados, los enfermos, la fuerza de trabajo menos calificada, los que poseen muy pocos conocimientos, etc.

Por esta razón el mercado no puede ser el único medio de distribución de la riqueza en ninguna sociedad, porque ello implicaría la muerte de innumerables personas. Todos tenemos derecho a vivir y a satisfacer nuestras necesidades fundamentales. Las necesidades básicas de esas personas y grupos que no pueden satisfacerlas mediante el empleo de sus capacidades, de sus recursos, de sus conocimientos y de su trabajo, deben ser resueltas fuera del mercado de intercambios, y la sociedad debe estar consciente de ello y organizar los medios para resolver ese problema.

De las necesidades de estas personas habrán de hacerse cargo, en primera instancia los familiares y cercanos, las comunidades de que forman parte, también con el aporte de las donaciones de otras personas y organizaciones generosas; y en última instancia el Estado, conforme al principio de subsidiaridad.

Otro problema y asunto que el mercado y los intercambios no pueden resolver, es el de la producción de los llamados 'bienes y servicios públicos', a los que todos los miembros de la colectividad acceden libremente, sin que su uso por unos excluya el uso por otros. Tales bienes y servicios públicos están habitualmente destinados a satisfacer necesidades que son comunes a todos los miembros de una colectividad, o que los benefician a todos, por ejemplo, los tribunales de justicia, el cuidado del medio ambiente, la defensa nacional, el orden público, las calles y caminos, las plazas y museos, la televisión abierta, los servicios estadísticos, ciertos niveles de educación y salud que han de tener todos los ciudadanos, la regulación y control de la producción, del comercio y las finanzas, y varios más.

La razón de que el mercado no puede organizar la producción, distribución y consumo de estos 'bienes públicos', es que los individuos que se benefician de su 'valor de uso' no están dispuestos a pagar el 'valor de producción' correspondiente, porque el acceso a ellos es libre y puede hacerse sin asumir ningún costo. Y si algunos estuvieran dispuestos a pagar, tendrían que asumir un costo muy alto, pagando por los que no quieran hacerlo. Así, para que tales bienes y servicios públicos se produzcan, su 'valor de producción' tendrá que ser asumido por el Estado, o por quien represente a la colectividad beneficiaria y pueda imponer obligaciones o impuestos que les permitan solventarlos.

En la economía moderna se ha considerado y establecido que corresponde al Estado atender esos dos grandes problemas que el mercado no puede resolver – el de los excluidos del mercado y el de los 'bienes y servicios públicos'. El Estado atiende esas necesidades estableciendo un circuito de distribución no mercantil, no basado en intercambios, sino en tributaciones y asignaciones. Por un lado recolecta centralizadamente recursos y dinero, a través de distintas tributaciones e impuestos que pagan obligatoriamente las personas y las empresas. Por el otro lado distribuye recursos, bienes y servicios, mediante el gasto público y diferentes asignaciones y subvenciones.

233

Ahora bien, en los hechos los Estados modernos han venido creciendo en tamaño y en funciones económicas de manera sistemática, durante muchas décadas. Entre las causas de tal crecimiento hay dos fundamentales. Por un lado, que viene aumentando la proporción de la población que resulta excluida o marginada del mercado; por otro lado, que ha estado aumentando constantemente la cantidad y variedad de necesidades que se satisfacen con bienes y servicios que caen bajo la calificación de 'bienes y servicios públicos'. Se trata de los mismos fenómenos que analizamos cuando tratamos el tema del consumo, sólo que allí los observamos como una de las dinámicas que determinan el consumismo y el incremento de las demandas y derechos que la población exige al Estado.

Pero hay problemas muy serios en este crecimiento del Estado. Y es que la exigencia para que el Estado satisfaga las carencias de la población y para que provea crecientes bienes y servicios públicos, tiende a incrementarse al infinito; porque quienes obtienen los beneficios de este modo, no sienten ni perciben los costos de producción de esos bienes y servicios, que son asumidos por la sociedad en su conjunto, que aparece como algo abstracto, y siempre en alguna medida ajeno y exterior. Consecuencia de esto es que, al mismo tiempo que aumenta la cantidad de la población que satisface sus necesidades por esta vía, disminuye la cantidad de personas que desarrollan sus capacidades y motivaciones para producir y crear valor.

Resultado de esto es que, en vez de crearse condiciones para una mayor igualdad, se va generando una creciente fractura entre: cada vez menos productores autónomos,

234

y cada vez más consumidores dependientes. La equidad que pudiera pensarse que se logra incrementando los impuestos a los primeros y los beneficios a los segundos, es más aparente que real. Si bien se aproximan en sus niveles de acceso y consumo de bienes y servicios, se distancian crecientemente en sus niveles de desarrollo de capacidades y recursos.

¿Hay solución? ¿Cuál sería la forma de resolver estos problemas en la nueva economía?

La verdadera solución a estos dos problemas, si se quiere una economía justa, eficiente y equitativa, es la creación y desarrollo de un tercer sector económico, que podemos llamar economía de solidaridad, de trabajo y de comunidades. Establecer entre la economía de mercado y la economía del Estado este nuevo sector económico, tiene impactos notables en la solución de los dos grandes problemas económicos que estamos analizando.

Respecto al primer problema, esta economía solidaria reduce la exclusión y marginación del mercado, y permite la reinserción de muchos que están actualmente excluidos y marginados; y lo hace no generando la pasividad de los receptores de beneficios públicos, sino la actividad y potenciamiento de las capacidades que tienen los productores y los consumidores creativos, autónomos y solidarios.

Por otro lado, esta economía solidaria puede hacerse cargo de una parte significativa de las necesidades comunes o generales que se satisfacen con los llamados 'bienes públicos'. El modo de hacerlo es haciendo que las comunidades locales se responsabilicen de proveer aquella parte de los bienes públicos que son utilizados exclusivamente por los integrantes de esas comunidades locales. Porque en realidad, muchos de los 'bienes públicos' a los que teóricamente tienen libre acceso todos los miembros de la sociedad en general, en los hechos satisfacen necesidades que son exclusivamente de quienes integran comunidades locales o menores.

Para enfrentar las necesidades de cuidado del ambiente, protección ciudadana, entretención y esparcimiento, salud y educación y otras, hay muchos bienes y servicios que son de uso local y que pueden ser provistos localmente. En vez de tributar y pagar impuestos al Estado para que éste provea, los participantes de esas comunidades locales organizadas podrían destinar esos recursos a proveer los 'bienes públicos' localmente necesarios.

Y al establecer una mayor proximidad entre los beneficiarios de los 'bienes y servicios públicos' y el grupo o colectivo que asume los costos de proveerlos, esos 'bienes públicos' serán más adecuados a las necesidades reales de esa comunidad, y serán también mejor cuidados por quienes los emplean.

Como efecto adicional de todo ello, ocurrirá también que las comunidades locales se empoderen y desarrollen sus capacidades de resolver sus problemas y necesidades, sin siempre delegar y esperar que todo provenga de las colectividades mayores que terminan ejerciendo poderes sobre ellas. Todo esto es coherente y consecuente, también, con las dinámicas propias de la nueva política, tal como la hemos examinado.

236

Concluimos así esta reflexión sobre la nueva economía, observando que lo más conveniente es una economía pluralista, constituida por tres sectores económicos: el del mercado de intercambios, el de la economía pública y estatal, y el de la economía de solidaridad, trabajo y comunidades.

El tamaño mejor para cada uno de los tres sectores - el mercado de intercambios, el sector público y el sector solidario - no puede determinarse en general, sino que ha de corresponder a las condiciones sociales, culturales y políticas de cada país y de cada lugar. Pero es importante un equilibrio entre ellos, teniendo en cuenta que mientras más un sector se constituye internamente de modo democrático y eficiente, mayor es el tamaño que puede alcanzar sin afectar negativamente a la sociedad.

Un sector de mercado de intercambios altamente concentrado que genera mucha pobreza y exclusión, hará necesario un mayor tamaño del Estado. Un Estado que concentre demasiadas funciones y que asuma sobre sí la responsabilidad de una excesiva cantidad de las necesidades de un porcentaje creciente de la población, generará un mercado de intercambios y un sector solidario atrofiados, con lo que se tenderá a generalizar la dependencia y la pobreza. Un sector solidario amplia y democráticamente desarrollado, implicará que los sectores estatal y mercantil de la economía sean equilibrados, dimensionados a los aportes genuinos que puedan hacer al desarrollo humano y social, sin fomentar el consumismo ni el crecimiento no

237

sustentable de los recursos y del medio ambiente, como ocurre actualmente.

Con estas ideas ponemos término al análisis de la nueva economía, y nos encaminamos a las reflexiones de síntesis y conclusión.

XXXIX.

Una ética y una espiritualidad comprometidas con el desarrollo personal y la transformación del mundo, buscando evolucionar hacia formas superiores de conocimiento, de conciencia y de vida.

La civilización moderna se desmorona, lentamente pero inexorablemente. Las instituciones que garantizan el orden y la convivencia social están perdiendo credibilidad y soporte ciudadano. Los Estados ven reducida su capacidad de conducir y de articular los intereses de los diferentes grupos sociales, y de resolver los problemas que afectan a la sociedad. La economía experimenta incapacidad para generar empleo, para mantener los niveles de bienestar social alcanzados anteriormente, y para impedir el incremento de la pobreza, el agotamiento de varios recursos fundamentales y el deterioro del medio ambiente. Las ideologías y las ciencias sociales no ofrecen respuestas y soluciones viables a estos problemas, y pierden su capacidad de proporcionar proyectos que encaucen las inquietudes y demandas que en el contexto de la crisis multiplican el malestar social.

Se difunde la conciencia de todos estos problemas, y eso constituye un hecho positivo; pero la indignación, las protestas y las movilizaciones sociales a que da lugar esa expansión de la conciencia de la crisis, son sólo expresiones y manifestaciones de la crisis misma,

239

que no la resuelven sino que incluso la acrecientan y aceleran, en cuanto no sean portadoras de soluciones efectivas.

En la medida que esas movilizaciones persistan en exigir al Estado y a las instituciones existentes las soluciones a la crisis, y que postulen que los mismos agentes del mercado que causan la crisis reviertan las tendencias y la superen, tales movilizaciones se mantienen al interior de los paradigmas de la civilización que perece, y ellas mismas comparten la situación de crisis. Es curioso que se pida a las instituciones, en las que no se cree y a las que justamente si indica como responsables de la crisis, que la resuelvan. Es que se sigue pensando erróneamente que el Estado y el mercado son todopoderosos.

La crisis continuará deteriorando la vida económica, política y cultural, en un largo proceso de decadencia de la civilización moderna, que implicará muchos sufrimientos y que será muy doloroso. Por esto es muy importante comprender que la tarea que tenemos por delante es constructiva, y que debiéramos evitar las acciones tendientes a destruir lo que va quedando del orden económico e institucional existente. Este se está desmoronando por su propia dinámica, y acelerar su caída no adelantará la nueva civilización.

Además, es importante comprender que la ya vieja civilización moderna tiene variados elementos de valor permanente, que como hemos dicho anteriormente, debiéramos conservar y hacer transitar hacia la nueva civilización. Sería una pérdida de graves consecuencias que esos elementos positivos se perdieran en la crisis de la civilización que decae; y sería también extremadamente grave que el mercado capitalista y las instituciones estatales dejasen de funcionar sin que se hayan establecido antes los fundamentos de una nueva economía y de un nuevo orden social.

Para comprenderlo, basta imaginar que un día encontremos que los bancos han dejado de funcionar. Al rato estarían cerrados los supermercados, los negocios de todo tipo, incluidos los que proporcionan combustibles al transporte. Las industrias se paralizarían, y también las escuelas, los servicios de agua potable, de electricidad, de salud. Se desataría el pillaje, los saqueos, la delincuencia, que no podrían ser contenidos por aquello poco que quedaría operante de las instituciones. Si en vez de ocurrir de improviso todo esto se diera en forma paulatina a lo largo de algunos pocos años, esas consecuencias nefastas se desplegarían y extenderían también paulatinamente durante esos mismos años. A menos que durante ese tiempo se hayan preparado y creado las instancias y soluciones de reemplazo.

Pero es completamente ilusorio creer que el colapso de la civilización moderna dará lugar por sí mismo a la nueva civilización: a la nueva política, a la nueva economía, a las nuevas ciencias, a la nueva educación, a las nuevas tecnologías. Ellas surgirán sólo en la medida que sean creadas por personas y grupos concretos que se pongan a trabajar consciente y decididamente en ello.

Hemos dicho y repetido también que tales nuevas economía, política, cultura y ciencias, de hecho están siendo creadas, están surgiendo, por iniciativa de personas creativas, autónomas y solidarias. Pero no está dicho que necesariamente habrán de desplegarse con la rapidez suficiente para adelantarse a una gran crisis de la civilización moderna, y para establecerse oportunamente. No es automático, no está garantizado.

Debemos decir también que **los contenidos y las formas que asuma la nueva civilización no están predeterminados, sino que serán aquellos que seamos capaces de crear, difundir y desarrollar quienes asumimos la tarea de iniciar la creación de una nueva civilización como un proyecto propio**.

Construir una nueva civilización es el cambio más grande, más global, más completo y más radical que pudiéramos concebir. Este gran cambio será fruto de la actividad de muchísimas personas creativas autónomas y solidarias; no el fruto de la conflictualidad y la combatividad de algunos grupos férreamente organizados. La gran transformación no se realizará por un único gran movimiento unificado por una ideología, sino a través de una infinidad de acciones, pequeñas y grandes, algunas infinitesimales y otras de dimensiones universales, abarcando los más amplios campos de la experiencia humana; acciones y obras realizadas por millones de personas, cada una en sus propias vidas y en sus contextos particulares y diversos. Pero todas orientadas en una perspectiva común, cuyos lineamientos hemos venido delineando a lo largo de esta exposición.

Ahora bien, la experiencia histórica de las civilizaciones pasadas enseña que mientras una civilización se desmorona, generando desorden social, económico y político, decadencia institucional y deterioro de la convivencia civil, pobreza, carestía y conflictualidad, los grupos que ponen los fundamentos de la civilización que nace tienen que desarrollar sus experiencias buscando al mismo tiempo protegerlas de las agresiones de que puedan ser objeto en el contexto del deterioro acelerado de la convivencia civil. Por eso es **urgente** iniciar el proceso constructivo de la nueva economía, de la nueva política y de la nueva civilización; adelantar todo lo posible la creación de lo nuevo.

No se trata de asustarnos, pero es necesario saber que se requiere mucha fuerza espiritual y moral, y convicciones profundas, que son lo que permite crear lo nuevo superando las dificultades que implica tener que desplegar los procesos creativos en un contexto adverso, y que pudiera incluso tornarse peligroso.

Esto nos lleva a plantearnos, como último y decisivo aspecto a considerar, la cuestión espiritual y moral. **Todas las grandes civilizaciones que ha habido en la historia de la humanidad, han tenido profundos y elevados fundamentos espirituales y morales, que en último análisis y última síntesis, son los que proporcionan a los seres humanos la posibilidad de elevarse por sobre sus impulsos biológicos y de evolucionar de modo libre y consciente hacia estadios de civilización superiores y trascendentes.**

La ética como pensamiento teórico que orienta al buen vivir, a la identificación de los deberes morales mínimos y de las más altas virtudes, y en último término al logro de la mayor felicidad posible para todos los seres humanos, es una disciplina intelectual que también se encuentra hoy en crisis, y que será necesario rediseñar y reconstruir. Esta crisis de la ética redunda en una crisis de la moral práctica, de los comportamientos y de las costumbres, y ello es uno de los grandes obstáculos para la creación de una civilización nueva y superior, que avanza por este motivo mucho más lentamente de lo que sería necesario y de lo que quisiéramos.

Lo que parece requerirse en este terreno es elaborar a nivel teórico, y formarnos las personas en el plano práctico, en una ética de la responsabilidad personal, social y ambiental, fundada en los valores de la justicia y de la solidaridad. Y en conexión con dicha ética, **desplegar una espiritualidad del desarrollo humano, fuertemente comprometida con la transformación de sí mismos y del mundo, buscando evolucionar hacia formas superiores de conocimiento, de conciencia y de vida.**

Hemos visto, hemos dicho y hemos reiterado a lo largo de estas presentaciones, que la creación de la nueva civilización convoca a todos, y requiere compromisos de personas que trabajen en lo económico, en lo político, en la creación artística y cultural, en la búsqueda científica, en la educación y en las comunicaciones. Pero tal vez sea el caso de agregar ahora, que **el proyecto de creación de una nueva y superior civilización convoca y**

responsabiliza de manera especial, a quienes sientan estar motivados, o crean estar llamados, o anden de hecho en búsqueda, de lo que con distintas orientaciones y sentidos puede entenderse como desarrollo espiritual. Teniéndose en cuenta, al respecto, que a diferencia de tantas otras cualidades y aptitudes humanas, como las cognitivas, las deportivas, las comunicativas, en las que se observan potenciales tan distintos entre una persona y otra, la espiritualidad se muestra como tal vez la única potencialidad humana verdaderamente democrática, o sea que todos podemos compartir, consistiendo ella básicamente en la capacidad de amar: de amarse a sí mismo, de amar a los otros, de amar a la naturaleza, de amar al Ser total.

Esto nos lleva a la última pregunta que abordaremos en el próximo, que será el último capítulo: ¿cómo podemos entender la idea de un 'hombre nuevo', o de un nuevo 'tipo humano' que pudiera desarrollarse en la nueva civilización?

XL.

¿En qué sentido podemos hablar de un 'hombre nuevo'?

Al comenzar estas reflexiones sobre cómo iniciar la creación de una nueva civilización, planteamos que ésta implica la formación de un nuevo 'tipo humano', que caracterizamos como creativo, autónomo y solidario.

Esta idea de un nuevo 'tipo humano' es fácilmente asociable a la de un 'hombre nuevo', idea que con la que se ha expresado la aspiración que han tenido todas las religiones, y también las más grandes ideologías y utopías políticas modernas. Pero ¿de qué realmente se trataría en nuestro caso? ¿Cómo podemos concebir la idea de crear un nuevo 'tipo humano' para la nueva civilización? ¿Se trata acaso de cambiar la naturaleza humana?

Es muy importante dilucidar la cuestión, ya que muchos sostienen que el proyecto de una sociedad justa y solidaria o de una civilización mejor, es utópico porque no tiene en cuenta la naturaleza humana, que sería una especie de individuos naturalmente egoístas y competitivos, que anteponen sus intereses particulares y los de sus pequeños grupos de pertenencia, al interés general o al bien común.

246

Sobre esto, lo primero que podemos afirmar es que los seres humanos, a lo largo de la historia y en distintas partes del mundo, han asumido formas de ser, de pensar, de relacionarse y de actuar muy diferentes, y que en consecuencia la especie humana presenta una inmensa flexibilidad y plasticidad.

Esta observación nos lleva a concebir la 'naturaleza humana' como una cierta estructura de base, constituida por algunos rasgos y elementos esenciales generales y comunes a todas las personas (independientemente de la época, la organización social, las condiciones históricas, etc.); pero es una naturaleza básica o 'esencial' que permanece abierta, y que tiene la posibilidad de asumir otros rasgos y formas diversas, más complejas, que la pueden llevar, o hacer evolucionar, hasta adquirir otras formas y estructuras. **Como si fuera una estructura que quisiera ser otra estructura.**

Tal vez sea más exacto pensar la naturaleza humana esencial como una estructura básica, primaria, sobre la cual se pueden levantar otras estructuras; o sobre la cual se pueda establecer una 'segunda naturaleza', la que puede adoptar diferentes configuraciones.

En este sentido, sostenemos que el modo de ser y de comportarse del consumidor y del individuo individualista y ávido tan extendido en la civilización moderna, no es la expresión directa y única de la 'naturaleza humana', sino la manifestación de una suerte de 'segunda naturaleza', que se levantó sobre la primera en el curso de la constitución y desarrollo de

247

una economía y de una política que la necesitaron y que la construyeron.

Ahora bien, en la formación y consolidación de estos diferentes modos colectivos de ser y de actuar que se han sucedido en la historia, correspondientes a las diversas civilizaciones, parecen intervenir tanto elementos de conciencia y de voluntad de las personas mismas, como factores de coerción y dominio, que imponen por la fuerza un modo de ser y de actuar que se difunde socialmente.

Antonio Gramsci afirmó que "hasta ahora todas las mutaciones en el modo de ser y de vivir han ocurrido por coerción brutal, o sea a través del dominio de un grupo social sobre todas las fuerzas productivas de la sociedad: la selección o "educación" del hombre adaptado a los nuevos tipos de civilización, o sea a las nuevas formas de producción y de trabajo, ha sucedido con el empleo de brutalidades inauditas." Esta afirmación de Gramsci puede ser unilateral y no reconocer suficientemente distintas situaciones históricas. Pero hay de cierto en ella que casi siempre las multitudes han tendido a ser conformadas por los grupos dirigentes que emplean diversos medios, desde la coerción a la propaganda, desde la educación a la política, e incluso mediante ciertas formas del arte, del cine, de la música, etc.

En cualquier caso, si pensamos en el desarrollo de un nuevo 'tipo humano', creativo, autónomo y solidario, parece esencial comprender cómo pueda concebirse y crearse la que sería esta nueva 'segunda naturaleza', y qué relación tendría con la 'naturaleza humana' esencial.

Ante todo, es obvio que la 'naturaleza humana' esencial ha de ser tal que permita que sobre ella se levanten 'segundas naturalezas'. Como esta posibilidad no parece que pueda atribuirse a las demás especies animales, identificaremos en la característica específicamente humana de la conciencia, y más precisamente, en la racionalidad y en la libertad, el fundamento que hace posible la creación de las 'segundas naturalezas'. Esa conciencia libre, en efecto, hace posible que los hombres en cierto sentido se disocien respecto a su naturaleza biológica, o mejor dicho, que tomen bajo su propio control la dirección de su desarrollo y evolución. Es indispensable ser libres para tener la posibilidad de diferenciarse y cambiar, y ser racionales para tomar el control y definir una dirección al cambio, de modo que se pueda crear 'otra estructura', como hemos definido también la 'segunda naturaleza'.

No es suficiente, sin embargo, la conciencia y la libertad para fundamentar una 'segunda naturaleza' humana. En efecto, la conciencia y la libertad son individuales, o sea atributos de los individuos. Pero aquí estamos hablando de una 'segunda naturaleza' que si bien pudiera no entenderse como involucrando a todos los seres humanos, debiera al menos incluir y subsumir a una gran población humana. Porque estamos pensando en las dimensiones de una civilización.

Por ello, la 'segunda naturaleza' tiene que ser 'social',

pero esta vez no impuesta por la fuerza. Pues bien, la sociabilidad es también propia de la 'naturaleza humana', igual que la racionalidad y la libertad. Esto significa que una 'segunda naturaleza' puede crearse socialmente, es decir, como un proceso de construcción social que incorpora activamente a muchos individuos que se asocian, que se comunican, que comparten una determinada racionalidad y la voluntad de integrarse a un proceso de creación colectiva.

Pero en los hechos partimos de la situación actual, en que los seres humanos son más 'sociales' que 'libres'. Quiero decir que habitualmente, y especialmente en la actividad económica y política, las personas hoy actúan condicionadas fuertemente por la colectividad de la que forman parte, y por el contexto cultural en que crecen y se educan. La libertad individual se manifiesta siempre, pero habitualmente en los hechos pequeños, en las decisiones menores, mientras que en las grandes direcciones que asumen los procesos históricos, estructurales, la mayoría sigue las direcciones establecidas, y actúan como 'hombres masa'. Así lo ha necesitado y formado la civilización moderna.

En este punto se habrá ya comprendido que crear una nueva y superior civilización consiste, en última síntesis, en la creación de una nueva y superior "segunda naturaleza" en los seres humanos, partiendo de nosotros mismos. Que ello sea posible está en la 'naturaleza humana' esencial, en cuanto deriva de la racionalidad y libertad, y del hecho de que somos 'sociales', y por tanto capaces de construir procesos y organizaciones económicas, políticas y culturales.

Ahora bien, para iniciar la creación de esta 'segunda naturaleza' nueva y superior, fundada sobre la 'naturaleza humana' esencial, es necesario separarse de la 'segunda naturaleza' dada, aquella vieja e inferior que se impuso en la civilización moderna.

Para **iniciar** la creación de una nueva 'segunda naturaleza', es por tanto necesario que al menos algunos individuos alcancen la autonomía (mediante su propia racionalidad y libertad). Estos individuos, organizados en redes y potenciándose recíprocamente, podrán expandir el nuevo modo de ser y de comportarse, a través de las acciones y procesos que hemos venido examinando. Pero hay que asumir que el inicio de la creación de una nueva civilización es hoy, tal como lo ha sido en el pasado, un proceso iniciado por pocos, porque son pocos los que aplican la libertad a las grandes direcciones del propio vivir, y no limitadamente a decidir sobre cuestiones secundarias en un marco socialmente establecido y predeterminado.

Para que podamos iniciar la creación, en nosotros mismos, de una nueva 'segunda naturaleza', es necesario que nos conectemos con nuestra primera naturaleza esencial, haciéndonos más ampliamente libres, racionales y sociales. Solamente así podemos llegar a ser creativos, autónomos y solidarios. Si no nos conectamos con nuestra 'naturaleza humana' esencial (escondida, oprimida bajo la 'segunda naturaleza' dada), no podemos iniciar la creación de

251

una nueva y superior 'segunda naturaleza'. He aquí por qué el inicio de la creación de lo nuevo es un "conócete a tí mismo", y llegar a pensar con la propia cabeza, en vez de participar de una concepción del mundo asumida pasivamente, que no puede sino ser vieja, esto es, creada en el proceso histórico anterior, sedimentada social y culturalmente, convertida en costumbre.

Es preciso establecer contacto con nuestra íntima 'naturaleza humana' esencial. Pero nuestra 'naturaleza humana' esencial se encuentra escondida y oprimida bajo la 'segunda naturaleza' que la civilización capitalista y estatista ha construido en nosotros; por ello es preciso comenzar con la conquista de la autonomía respecto de esa 'segunda naturaleza' y de esos modos de pensar y de comportarse que son los propios de la vieja civilización moderna.

Esto es un proceso de crecimiento personal, que en su raíz es un proceso de desarrollo espiritual. Pero que no se queda encerrado en la interioridad de cada uno, sino que se expresa y se proyecta en la creación de una nueva economía, de una nueva política, de nuevas ciencias, de una nueva educación, de nuevas formas de la cultura.

Es en el proceso mismo de creación de la nueva civilización que se gesta y se forma y se difunde socialmente el 'hombre nuevo', o sea el 'tipo humano' creativo, autónomo y solidario de la nueva civilización. Porque es mediante la conquista de la autonomía, el desarrollo de la creatividad, y el despliegue de la solidaridad, que nos revestimos con una nueva 'segunda naturaleza' humana, superior a la que estamos abandonando, o de la que tenemos que desprendernos como un traje viejo que no vale la pena remendar.

ÍNDICE.

255

Made in the USA
Columbia, SC
27 June 2024

37491332R00155